日本监狱行刑法律关系研究

RIBEN JIANYU XINGXING FALÜ GUANXI YANJIU

赵新新◎著

中国政法大学出版社

2024·北京

图书在版编目（ＣＩＰ）数据

日本监狱行刑法律关系研究 / 赵新新著. -- 北京 ：中国政法大学出版社，2024. 7.
ISBN 978-7-5764-1680-0

Ⅰ. D931.367

中国国家版本馆 CIP 数据核字第 20248QB884 号

出　版　者　　中国政法大学出版社

地　　　址　　北京市海淀区西土城路 25 号

邮寄地址　　北京 100088 信箱 8034 分箱　邮编 100088

网　　　址　　http://www.cuplpress.com (网络实名：中国政法大学出版社)

电　　　话　　010-58908285(总编室) 58908433（编辑部）58908334(邮购部)

承　　　印　　固安华明印业有限公司

开　　　本　　720mm×960mm　1/16

印　　　张　　13.25

字　　　数　　215 千字

版　　　次　　2024 年 7 月第 1 版

印　　　次　　2024 年 7 月第 1 次印刷

定　　　价　　62.00 元

上海政法学院学术著作编审委员会

总 序 FOREWORD

　　四秩芳华，似锦繁花。幸蒙改革开放的春风，上海政法学院与时代同进步，与法治同发展。如今，这所佘山北麓的高等政法学府正以稳健铿锵的步伐在新时代新征程上砥砺奋进。建校 40 年来，学校始终坚持"立足政法、服务上海、面向全国、放眼世界"的办学理念，秉承"刻苦求实、开拓创新"的校训精神，走"以需育特、以特促强"的创新发展之路，努力培养德法兼修、全面发展，具有宽厚基础、实践能力、创新思维和全球视野的高素质复合型应用型人才。四十载初心如磐，奋楫笃行，上海政法学院在中国特色社会主义法治建设的征程中书写了浓墨重彩的一笔。

　　上政之四十载，是蓬勃发展之四十载。全体上政人同心同德，上下协力，实现了办学规模、办学层次和办学水平的飞跃。步入新时代，实现新突破，上政始终以敢于争先的勇气奋力向前，学校不仅是全国为数不多获批教育部、司法部法律硕士（涉外律师）培养项目和法律硕士（国际仲裁）培养项目的高校之一；法学学科亦在"2022 软科中国最好学科排名"中跻身全国前列（前 9%）；监狱学、社区矫正专业更是在"2023 软科中国大学专业排名"中获评 A+，位居全国第一。

　　上政之四十载，是立德树人之四十载。四十年春风化雨、桃李芬芳。莘莘学子在上政校园勤学苦读，修身博识，尽显青春风采。走出上政校门，他们用出色的表现展示上政形象，和千千万万普通劳动者一起，绘就了社会主义现代化国家建设新征程上的绚丽风景。须臾之间，日积月累，学校的办学成效赢得了上政学子的认同。根据 2023 软科中国大学生满意度调查结果，在本科生关注前 20 的项目上，上政 9 次上榜，位居全国同类高校首位。

　　上政之四十载，是胸怀家国之四十载。学校始终坚持以服务国家和社会需要为己任，锐意进取，勇担使命。我们不会忘记，2013 年 9 月 13 日，习近平主席在上海合作组织比什凯克峰会上宣布，"中方将在上海政法学院设立中国–上海合作组织国际司法交流合作培训基地，愿意利用这一平台为其他成员国培训司法人才。"十余年间，学校依托中国–上合基地，推动上合组织国家司法、执法和人文交流，为服务国家安全和外交战略、维护地区和平稳定作出上政贡献，为推进国家治理体系和治理能力现代化提供上政智慧。

历经四十载开拓奋进，学校学科门类从单一性向多元化发展，形成了以法学为主干，多学科协调发展之学科体系，学科布局日益完善，学科交叉日趋合理。历史坚定信仰，岁月见证初心。建校四十周年系列丛书的出版，不仅是上政教师展现其学术风采、阐述其学术思想的集体亮相，更是彰显上政四十年发展历程的学术标识。

著名教育家梅贻琦先生曾言，"所谓大学者，有大师之谓也，非谓有大楼之谓也。"在过去的四十年里，一代代上政人勤学不辍、笃行不息，传递教书育人、著书立说的接力棒。讲台上，他们是传道授业解惑的师者；书桌前，他们是理论研究创新的学者。《礼记·大学》曰："古之欲明明德于天下者，先治其国"。本系列丛书充分体现了上政学人想国家之所想的高度责任心与使命感，体现了上政学人把自己植根于国家、把事业做到人民心中、把论文写在祖国大地上的学术品格。激扬文字间，不同的观点和理论如繁星、似皓月，各自独立，又相互辉映，形成了一幅波澜壮阔的学术画卷。

吾辈之源，无悠长之水；校园之草，亦仅绿数十载。然四十载青葱岁月光阴荏苒。其间，上政人品尝过成功的甘甜，也品味过挫折的苦涩。展望未来，如何把握历史机遇，实现新的跨越，将上海政法学院建成具有鲜明政法特色的一流应用型大学，为国家的法治建设和繁荣富强作出新的贡献，是所有上政人努力的目标和方向。

四十年，上政人竖起了一方里程碑。未来的事业，依然任重道远。今天，借建校四十周年之际，将著书立说作为上政一个阶段之学术结晶，是为了激励上政学人在学术追求上续写新的篇章，亦是为了激励全体上政人为学校的发展事业共创新的辉煌。

党委书记　葛卫华教授

校　　长　刘晓红教授

2024 年 1 月 16 日

序 / PREFACE

　　自从进入 21 世纪以来，日本在不断进行所谓的"世纪性司法大改革"，改革涉及日本司法制度的各个方面，监狱行刑也是其重要内容之一。2006 年 6 月日本国会通过了《刑事收容设施以及被收容者等的处遇法》（简称《刑事收容设施法》），以此废除了明治时期（1908 年）制定的《监狱法》。之后，日本国会又于 2022 年 6 月对刑法进行修改，决定废除明治时期（1908 年）制定的《日本刑法典》中的"惩役"和"禁锢"，取而代之以所谓新的"拘禁刑"。从形式上看，日本对监狱行刑进行如此深度和广度改革时所依据的基本理念，主要包括"受刑者的社会复归"（即"受刑人的改造"）、"受刑人的权利保障"、"自由刑纯化"、"行刑社会化"、"处遇改造个性化"、"司法福祉化"等，但从实质上看，这些基本理念背后都贯穿着一个最基本原理，那就是如何确立和划定"监狱行刑的法律关系"。可以说，"监狱行刑的法律关系"是日本监狱行刑改革的出发点和归结点，是实际行刑活动中的最基本依据，也是进行监狱行刑理论研究的最基本问题。本书正是以此为书名和研究内容，意义非凡。

　　日本开始意识到"监狱行刑法律关系"的重要性并具体以"受刑人法律地位"为核心展开有关理论研究的历史并不长。像本书所阐明的那样，最初试图用法律原理或法学理念去解释或理论化监狱行刑的是一些行政法学者，他们以监狱行刑关系属于行政关系的一种或一部分为前提，把一些已经确立了的行政法的原理或理念套用到监狱行刑关系上，以此追求监狱行刑关系的明确化及受刑人权利义务的规范化。这些行政法学者的研究无疑为确立"受刑人法律地位",尤其对人们从法理角度看待受刑人,对监狱行刑的法治化及规范化,起到了启蒙作用,功不可没。但是,监狱行刑并非简单的行政关系,单纯把行政法原理适用于监狱行刑关系中,单纯基于行政法原理去解读监狱行刑的法律关系尤其是"受刑人法律地位"的方法存在着极大缺陷,过于局限于外在形式,难于从实质上完全解明监狱行刑关系,进而确立有关"受刑人法律地位"的实体性基准。到了20世纪80年代,日本的刑事法学者开始意识到了单纯基于行政法原理去解读"受刑人法律地位"的局限性,开始加入有关"受刑人法律地位"的研究中,开始提出"监狱行刑的宪法化""监狱行刑的法治化""监狱行刑的司法化"。其代表人物主要为两位,一是明治大学的菊田幸一教授,二是一桥大学的福田雅章教授。菊田教授一直尝试把有关"受刑人法律地位"的行政法原理解释适用到监狱行刑的各个具体制度中及各个具体操作上,使"受刑人法律地位"的原理具体化和有效化;而福田教授则基于美国20世纪60年代的"正当程序革命"及20世纪70年代的监狱行刑改革的经验教训,不仅指出单纯基于行政法原理确立"受刑人法律地位"的局限性,而且明确呼吁"宪法必须走进监狱""监狱行刑不能成为宪法的例外",宣称只有"监狱行刑宪法化"或"监狱行刑法治化"才能正确确立现代法治国家中的"受刑人法律地位",为此进一步提出了"监狱行刑正当程序论",主张以此确立"受刑人法律地位"。可以说,福田教授的"监狱行刑正当程序论"是日本监狱行刑研究的至高点,至今仍无人超越。本书准确详细地整理了日本监狱行刑的理论研究,尤其是展示了日本有关"受刑人法律地位"理论研究的历史过程及各个学说的主要观点,继承了以菊田教授和福田教授为代表所推动的将宪法、行政法与刑事法一体化的研究手法。本书的出版不仅对国内学者了解日本的监狱行刑研究有益,而且,对于日本学界进一步巩固和发展其研究成果也具有参考价值。

"监狱行刑关系",尤其"受刑人法律地位"是基于宪法及法律而展开的一种法理,如果只把它停留在抽象理论研究阶段,就很难发挥其应有的功能和意义,相反,只有把这种法理注入具体的制度和操作中,只有把它贯彻于立法、司法、实务中,才能够使其与日常具体的监狱行刑活动相结合,才能够使其发挥实际作用。尽管日本有关监狱行刑改革的立法、司法及实务虽不直接表明具体怎样吸取了相关研究的成果，但实际上这种理论研究对立法、司法及实务影响极大，有关理论在具体的立法中，尤其在具体的判例中以及具体的行刑实务中都得到了充分体现。可以说，日本的立法、司法、实务与理论研究之间长期呈现出一种"同步性"和"一致性"。着眼于此，本书作者不仅展示了日本学界有关"受刑人法律地位"的理论研究过程及内容，而且也同时探讨了日本立法、司法、判例的变化，不仅进行了抽象理论研究，也具体介绍了实务界的应对情况，做到了理论与实际相结合，不仅有利于了解日本的理论研究发展，也有利于掌握日本的实践状况。

加强"涉外法治研究"，强化在境外及国际社会中的"法治话语权"，对于一个国家十分重要，具有战略意义。"引进来"和"输出去"是加强涉外法治研究和强化法治话语权的必由之路，只有首先"引进来"，才能够掌握境外及国际社会是在何种文脉下，使用何种的词汇，以何种原理去理解相关法律问题，才可以做到"对症下药"，才能够以对方能够容易理解的文脉，用对方熟悉的语言词汇讲述和展开本国的法学思想、理念、规范等，最终才能够把本国的法治理念及法律原理"输出去"，进而潜移默化地强化本国在境外及国际社会的法治话语权。以"劳动改造"为出发点的新中国的监狱行刑制度及理论是世界监狱行刑的重要部分，与包括其他西方在内的其他国家的监狱行刑制度和理论一道，共同构成人类有关监狱行刑的文明财产，中国的监狱行刑研究完全有资格、有能力参与和推动世界监狱行刑法治的不断发展，加强有关境外监狱行刑法学研究，强化中国监狱行刑法治及相关研究在国际社会中的话语权，实属必然。本书正是在日本有关监狱行刑的研究及制度的文脉下，使用日本监狱行刑研究的共同概念词汇，在最大限度忠实于原有法律制度及研究文献的基础上，追求"境外"与"本土"的统一结合，不仅确切地将日本有关监狱行刑，尤其是有关"受刑人法律地位"的制度、判例、学说予以"引进来"，而且还基于国内的监狱行刑的实际分析探讨了日本监狱行刑的经验教训，也做到了"输出去"。本书的出版无疑会对加强中国监狱行刑领域的涉外法治研究，强化中国监狱行刑法学研究在国际社会中的法治话语权起到积极作用。

　　本书著者赵新新博士在日本一桥大学攻读博士学位期间不为世俗喧哗所动，长期静心于在日本也属于冷门课题的监狱行刑法研究，致力于从理论和实务，从立法、司法、学说等多个层次研究思考问题，获得了丰富的研究成果，除本书所涉及的"日本监狱行刑法律关系"尤其是"受刑人法律地位"之外，作者在有关日本监狱行刑诉讼的发展、拘禁刑的创设及司法福祉论的展开等方面的研究上也颇有建树，期待在本书出版后著者的其他研究成果也尽快以书籍形式问世。

日本一桥大学法学院教授

王云海

2024 年 3 月 12 日

于东京都国立市一桥大学

第 2 研究馆 312 研究室

目　录 CONTENTS

监狱学研究的东拓

第一节 问题与目标

一、问题意识

中华人民共和国成立至今七十余年，法治化发展历程大致可以划分为三个阶段。第一个阶段，1949 年至 1978 年的"法制探索期"，这一时期在法制建设上，人们虽然有过努力地探索，但是由于时代的局限，尚未认识到"法治"的意义。第二个阶段，1978 年至 1995 年的"法制发展期"，这一时期受改革开放的推动，法律制度得以不断完善。但是，人权保障层面上的"法治"尚未受到充分的重视。第三阶段，1995 年至今的"法治化"时代。1995 年以来，"法治主义""建设社会主义法治国家"等被正式提出，特别是 1997 年党的十五大，提出了"依法治国，建设社会主义法治国家"，在 1999 年第九届全国人大第二次会议通过宪法修正案的形式将其写入宪法。2004 年，"国家尊重和保障人权""中华人民共和国实行依法治国，建设社会主义法治国家"正式入宪。

与此相应，1995 年之后，我国在刑事法领域也取得了显著的进步。比如在刑事诉讼法领域引入了"无罪推定"原则，刑法中正式确立了"罪刑法定"原则等。但遗憾的是，与刑事诉讼法、刑法一样作为刑事法重要组成部分的监狱行刑法领域却未确立相应的内容。时至今日，监狱行刑法治化的重要性尚未被充分认识，特别是对监狱行刑法律关系这一最基本的问题尚未展开充分研究。

二、研究目标

在国际社会上，监狱行刑天然地具有特殊的一面，西方社会的监狱行刑法学界由于过分意识形态化，对中国监狱行刑往往不够了解且带有一些偏见；另一方面，我国监狱学研究面对这些偏见，没有充分了解对方和展示自我。我国与日本一衣带水，明治时代之前，日本的狱政文化深受我国影响。但在清朝末年，日本监狱学家小河滋次郎担任了中国近代监狱改良的顾问，日本的监狱学又对我国近代监狱行刑产生了重要影响。新中国改革开放之后，我国与日本学术交流不断加深，在刑法学、犯罪学领域展开的比较研究不在少数，相似的东亚文化圈背景也可互为镜鉴。但双方在监狱学领域的交流与比较研究却极其有限。

我国监狱学界最早关注监狱行刑法律关系相关的问题是在 1979 年，学者李步云、徐柄在《人民日报》上发表文章《论我国罪犯的法律地位》，批判了改革开放之前我们对服刑人员以"改造客体""镇压对象"进行定位的做法。日本学者实质上关注监狱行刑法律关系开始于 20 世纪 80 年代初期。可以看出，几乎同一时期，两国学者都不约而同地关注到了同一问题。如今，我国监狱学已经在李步云、徐柄的基础上肯定了监狱行刑法律关系中的服刑人员是公民，但除此之外，往前更进一步的内容却相对有限。在日本围绕以受刑人（汉语意思为服刑人员，为统一用词，以下称"服刑人员"）法律地位为中心监狱行刑法律关系这一问题，无论理论、立法还是司法实务中对其态度都有所变化，其中有经验亦有教训。他山之石，可以攻玉，对日本以服刑人员法律地位为中心的监狱行刑法律关系展开研究的目标有三：第一，促进我国监狱行刑法律关系的研究和完善。第二，通过研究日本的经验、教训，为我国行刑法治化的推进提供镜鉴。第三，通过比较说明我国监狱行刑是世界监狱行刑的重要组成部分，与其他国家的监狱行刑理论一道，共同构成人类有关监狱行刑的文明财产，我国完全有资格、有能力参与和推动世界监狱行刑法研究的不断发展。

第二节　中日研究现状

一、中国研究现状

纵观我国具有中国特色社会主义特征的监狱学研究历史，大致可以分为三个阶段。第一，1949 年至 1980 年代初期，监狱学研究主要以劳动改造为中心展开。这一时期的监狱行刑被称为劳动改造，主要是以阶级斗争为中心的活动。有关监狱行刑的研究亦主要是围绕以阶级斗争为中心的劳动改造展开，集中体现在对劳动改造的政策、方针、劳动改造管教队的管理、强制劳动、服刑人员的改造等方面，具有鲜明的时代色彩。比如这一时期具有代表性的教材《劳动改造学》的主要内容展现了劳动改造的历史、劳动改造机关、劳动改造政策、强制劳动等有关的政策性内容。[1]第二，20 世纪 80 年代中期至 20 世纪 90 年代后期，监狱学主要研究集中在监狱制度完善相关的内容。受改革开放的影响，如何进一步完善法律制度成为备受学界关注的问题。与之相应，有关监狱行刑的研究主要集中在监狱管理、矫正、强制劳动等相关的制度完善上，具有代表性的研究成果如《中国特色监狱制度研究》《中国劳动改造制度的理论与实践》等。[2]第三，20 世纪 90 年代后期至今，监狱学研究主要表现为监狱执行学相关的内容。这期间监狱行刑的研究主要集中在具体的执行制度、监狱管理、教育改造、社区矫正等有关刑罚执行和服刑人员处遇方面。[3]

一直以来我国监狱行刑学界的主流并不以监狱行刑法律关系为中心对服刑人员的权利义务展开研究。虽然出现了关注服刑人员的权利义务的研究，

---

〔1〕 参见赵震江主编：《中国法制四十年（一九四九——一九八九）》，北京大学出版社 1990 年版，第 74-77 页；徐觉非等编著：《劳动改造学》，群众出版社 1981 年版，第 27-46 页。

〔2〕 参见杨殿升、张金桑主编：《中国特色监狱制度研究》，法律出版社 1998 年版，第 51 页、第 195 页；孙晓雳：《中国劳动改造制度的理论与实践——历史与现实》，中国政法大学出版社 1994 年版，第 123 页、第 165 页；邱兴隆、许章润：《刑罚学》，中国政法大学出版社 1999 年版，第 380 页、第 387 页。

〔3〕 参见韩玉胜等：《刑事执行法学研究》，中国人民大学出版社 2007 年版，第 53-81 页、第 135 页；刘崇亮：《制度性需求下〈监狱法〉修改研究》，中国法制出版社 2018 年版，第 88 页、第 95 页。

例如，1979 年李步云、徐柄在《论我国罪犯的法律地位》一文中批判了改革开放之前人们关于"罪犯是敌人""镇压、专政的对象"的认识，提出了"罪犯是公民"，只不过是"特殊的公民"的主张，[1]并相应地列举了监狱行刑中服刑人员应享有的一些权利。[2]李步云、徐柄认为，服刑人员是特殊的公民，享有一定的权利，但至于如何确定这种"特殊"的标准，在这种标准之下应该享有什么样的权利，二人并没有从法治主义的视角展开研究，而仅仅是以列举的方式表达了服刑人员应该享有的几种权利。

20 世纪 90 年代之后，特别是在 2004 年我国正式将"国家尊重和保障人权"写入宪法之后，有关服刑人员权利的研究较之前有所增加，但也仅仅是停留在对服刑人员应当享有的权利进行列举式探讨上，[3]并没有从宪法、法治主义的视角研究服刑人员的法律地位及其权利义务。可以说这些研究完全没有突破李步云、徐柄在《论我国罪犯的法律地位》一文中的认识。

我国在监狱行刑方面的研究主要存在以下三方面的不足：第一，仅仅在形式上承认了服刑人员是公民，并没有从宪法、法治主义的视角出发，从体系上明确服刑人员作为公民，与国家之间的权利义务关系。第二，多数研究仅仅是列举性地说明了服刑人员应当享有的权利，对于其为什么应当享有某些权利，为什么不应当享有某些权利，却没有从法理上进行阐明。第三，尚未充分认识到鉴于监狱行刑特殊性应从其内部关系——拘禁关系、处遇关系、监狱秩序关系[4]审视服刑人员的权利义务。

党的十九大提出"加强人权法治保障"、党的二十大提出"积极参与全球人权治理，推动人权事业全面发展"，但是与法学其他领域相比，我国监狱行

---

〔1〕 参见李步云、徐柄：《论我国罪犯的法律地位》，载《人民日报》1979 年 10 月 31 日；李步云：《再论我国罪犯的法律地位》，载《法学杂志》1980 年第 3 期。

〔2〕 参见李步云、徐柄：《论我国罪犯的法律地位》，载《人民日报》1979 年 10 月 31 日。

〔3〕 参见王莉君：《论囚犯的法律地位》，载《犯罪与改造研究》2004 年第 11 期；李均仁：《关于罪犯也是公民问题的探究》，载《犯罪与改造研究》2015 年第 2 期；冯建仓主编：《服刑人员权利保护研究》，中国检察出版社 2016 年版，第 12-13 页。

〔4〕 本书所主张的拘禁关系是惩罚关系，即将服刑人员拘禁在哪里，如何拘禁都是围绕惩罚而展开的；社会复归处遇关系是指为了服刑人员回归社会，对其进行矫正处遇以及维持其人类社会性的权利保障；监狱纪律秩序关系是为了维持监狱进行正常活动而产生的行刑关系。参见王云海：《监狱行刑的法理》，中国人民大学出版社 2010 年版，第 10-17 页。

刑法学的研究在此方面略有踟蹰，在国际监狱行刑法学研究领域还没有获得应有的话语权。[1]尤其是在对他国行刑的经验、教训、理论的研究方面，与其他部门法学相比显得消极。综上所述，从宪法、法治主义的视角对行刑特别是服刑人员的法律地位展开法学研究，对我国来说仍然是一个大课题，其中，从国际比较视角展开的研究尤为必要。

二、日本研究现状

日本近现代监狱学研究开始于明治时代，以 1908 年旧《监狱法》的制定为起点，大致可以划分为三个阶段。第一个阶段，从 1908 年至 20 世纪 80 年代末，这一时期的监狱学研究，主要是从行政法学的视角展开的，与诸多其他公法理论、特别是行政法理论一样，日本的监狱学理论——特别权力关系论也是在这一时期，从德国公法学中引入日本。[2]所以这一时期日本监狱学的研究主要停留在对他国理论的介绍以及促进对他国理论吸收的本土化研究方面。第二阶段，20 世纪 90 年代初至 21 世纪初，受西方人权思潮的影响，日本监狱学研究开始摆脱特别权力关系论的束缚，将研究视野由行政法转向宪法、刑事法。在这一时期日本的监狱学研究彻底否定了一直以来信奉的特别权力关系论，转向正当程序关系论。[3]第三阶段，21 世纪初至今，在日本《监狱法》被废除、《刑事收容设施以及被收容者等的处遇法律》（以下简称《刑事收容设施法》）颁布实施后，其监狱学的研究主要是从行刑现实出发，围绕矫正处遇的效率性展开自由刑改革的研究，其中可以看出日本学者试图在监狱学与刑法学之间搭建起一座桥梁，以实现不同领域的研究在法学研究体系内部的统一和自洽。[4]

在这一过程中，日本监狱学研究开始真正关注监狱行刑法律关系的问题

---

〔1〕　参见王云海：《监狱行刑的法理》，中国人民大学出版社 2010 年版，第 1 页。
〔2〕　室井力『特別権力関係論』（勁草書房，1968 年）423 頁。
〔3〕　宮崎繁樹＝五十嵐二葉＝福田雅章『国際人権基準による刑事手続ハンドブック』（青峰社，1991 年）330 頁。
〔4〕　本庄武「受刑者の法的地位と自由刑の改革」本庄武＝武内謙治編著『刑罰制度改革の前に考えておくべきこと』（日本評論社，2017 年）83 頁以下である、漆畑貴久「刑法等改正における「拘禁刑」創設の意味」『法政治研究』第 9 号（2023 年）112 頁。

是在 21 世纪之后，经过 21 世纪初的名古屋案件，监狱学研究者认识到仅仅否定特别权力关系论、提出正当程序关系论是不够的，必须在立法、司法与实务上有所建树并将之落实在具体层面。因此，围绕如何减少刑罚执行中给服刑人员带来不必要的痛苦，减少矫正处遇给服刑人员带来的强迫感，提升服刑人员被释放后顺利复归社会的可能性等一系列的具有实际意义的问题展开了讨论。

与我国一衣带水、同属东亚文化圈的日本，经历了"拿来主义"式的行刑理论借鉴之后，20 世纪 80 年代以来，经历了一系列探索，不管是在理论还是立法上抑或实务上都形成了自己的特色。另一方面，从明治宪法时代，日本虽一直在强调法治，但真正从法治视角审视服刑人员法律地位以及监狱行刑法律关系的研究却极其有限。那么从法治主义的视角审视日本以服刑人员的法律地位为中心的监狱行刑法律关系，会得出哪些经验、教训呢？这些经验、教训对我国又有何启示、镜鉴呢？这是一个值得期待的课题。

第三节　研究意义

行刑也好，服刑人员的法律地位也好，其内容都是深奥复杂的，其性质也绝不是从一个方面把握即可得的。基础理论研究是具体问题研究的指南，而具体问题又将基础理论中的内容进行具象化检验，从这一点来看，基础性的研究绝不是观念上的抽象议题。因此，本书在讨论基础理论问题时，也会关注日本实务中可能出现的具体问题。

一、明确服刑人员法律地位的考察维度

本书关注的是以在监狱的服刑人员的法律地位为中心的监狱行刑法律关系问题。首先，在各个具体问题中研究服刑人员法律地位的前提工作是确立考察服刑人员法律地位的维度。本书研究的基本意义是，以服刑人员的人权保障为目标推动积极的矫正处遇主义行刑与消极主义监狱行刑之间的调和、扬弃。现代监狱行刑的理念是以承认从报应刑向矫正教育刑的转变为前提，但在监狱行刑中矫正教育刑的实施却以加重服刑人员的义务、将服刑人员作

为矫正教育的客体为要求，这与教育、矫治所追求的有效性目的之间是相矛盾的。因此，本书在考察维度上强调扩大服刑人员主体自由、保障其人权，限制以国家权力为主导的行刑，强调人权保障型行刑。但是如果过于强调人权自由而否定了在行刑中展开矫正的意义则具有导致行刑陷入虚无主义的危险。因此，对服刑人员法律地位进行考察时，在人权保障、刑罚、矫正处遇之间不能有所偏颇，在维度上必须达到三者之间的调和。

二、明确自由刑的内容

讨论服刑人员的法律地位——监狱行刑关系的前提是明确在其服刑过程中被剥夺的自由是什么？什么样的自由可以由国家以刑罚之名剥夺、服刑人员可以拥有多大程度的自由？行刑机关为了对服刑人员实施矫正处遇是否可以剥夺其相关的权利。这是本书研究的第二层意义。

本书通过研究日本服刑人员的法律地位，进而研究自由刑的内容，其意义在于自由刑纯化论的提出。正如 20 世纪之初德国法学家费洛依登海尔所论述的那样，自由刑的内容是对服刑人员行动自由的剥夺和强制劳动，其他的财产刑的要素、名誉刑的要素则不得混入其中，刑罚应尽量地纯粹化。在日本，正木亮博士则主张必须将对服刑人员的生命、身体、财产、名誉和健康有害的执行方法以及具有明显羞辱的处遇从自由刑中排除出去。如果在某一监狱内服刑人员的死亡率、患病率比一般人高，则要审视刑罚的执行是否超出了自由刑的内容限度、违背了罪刑法定主义的原理。因此，虽然从历史角度来看，自由刑发展的过程中包含着名誉刑、财产刑、家庭刑等内容，但所谓自由刑纯化就是罪刑法定主义的理论归宿。

为了明确现代自由刑的内容，首先应明确自由刑的内涵，即自由刑产生以来，在其发展、衰退中形成的现代自由刑的内容是什么，以及在这一过程中形成的精神文化要求什么样的自由刑。以法治主义原则为基准把握日本刑罚现代化过程中监狱行刑的历史并对其审视，在这一过程中日本经历了启蒙时期以来国民获得自由的历史、刑罚的人道化和科学化、国家权力的自我抑制，最终达到了监狱行刑的法治化——具体而言在《日本国宪法》禁止奴隶拘束式残酷刑罚的规定，以及监狱行刑相关的法律中都有体现。同时，在世界范围内，例如德国基本法中的社会性法治国家精神、1955 年联合国颁布的国际标准《被拘禁者处遇最低基准规则》第 57 条中禁止监狱行刑中给服刑人员增加额外的痛苦等内容，都为本书研究、把握现代自由刑的内容提供了启示。并且上述法律、文件中所包含的时代精神文化，不仅设定了自由刑的内容也设定了自由刑的目的。即自由刑的第一目的不是对犯罪实施报复，而是促进服刑人员复归社会、不再犯罪。至此，现代自由刑的内容已经十分明了。除此之外，还应从政策层面进行考量，因为政策很大程度地决定了自由刑的内容。自由刑的主要目的如果是服刑人员的再社会化和再犯防止的话，相应的政策也应该将强制性处遇内容从自由刑中排除出去。为了让被监狱驯化的服刑人员适应社会，哪怕是在服刑过程中也必须给予其充分的权利自由。因此，服刑人员在监狱内的生活必须尽可能地接近一般社会的水准——以服刑人员再社会化为中心进行自由刑体系建构的同时，还必须将其内容与服刑人员的福祉联系起来。

因此，可以说现代自由刑的内容是让服刑人员与一般社会隔离。即服刑人员在一定场所进行集体生活，除了其自由被剥夺或者限制之外，一般人所享有的权利服刑人员也都应该享有。此外，还有一个不得不提的对服刑人员自由限制的事由——为了自由刑得以顺利执行、维持设施内的平稳生活的制约。但是该制约事由也只能在维持监狱纪律秩序这一目的的范围内被肯定，而非从自由刑本身衍生出来。因此，该制约只能被限定在必要限度内，超过此限度即丧失了合理性。

三、明确刑罚与处遇的界限

如前所述，行刑包含各种各样的内容，是复合的诸要因的综合，在把握行刑中服刑人员的法律地位时，仅仅靠一个原理去认识，肯定是不够的。因此，本书在考量服刑人员的法律地位时，将从作为刑罚内容的拘禁关系、作为矫治教育内容的处遇关系等方面进行考量，但是这两者在刑事设施和服刑人员之间具有微妙的关系，有些行刑内容，有时不能仅仅放在这两个内容之一去考量，而应该从两者出发考量。比如，归休、开放设施收容、外部通勤等，从作为拘禁缓和、作为人类生活方面的本来的自由来看，能够将其放在拘禁关系的位置。但是从对自由生活的适应训练、自我责任、自律精神的养成、为复归社会做准备等方面来看的话，应将其放在处遇关系中考虑。因此，可以说明确刑罚与处遇的界限是本研究的又一重要意义。

从拘禁关系开始说起，人类在不与他人自由相抵触的情形下，在人类社会共同体内作为享有所有自由的存在生活。这是人的基本属性，也是所有人的共同属性。除此之外，还应从高次元的精神、文化层面去考虑。比如，衣、食、住、运动、休息、卫生等基础、直接的内容，如果没有这些的话，人就丧失了其生存地位。但是，在现代社会，人仅仅满足了生存需求是不够的，还必须满足其高次元的社会生活、精神生活需求。其内容包括通过通信、对话、发表等保持自己社会性、展现自己，通过自己的劳动获得金钱购买自己喜欢的东西，通过学习形成自己的认知、思想等。但是，刑罚通过将犯罪人拘禁起来，一定程度上总是将其相关权利剥夺或限制了。因此，应从人类共通的、与拥有所有自由的人类的生活领域相关的内容思考。第一，拘禁生活的基础内容，衣服、饮食、居住、运动、休息等。除此之外，理发、入浴、吸烟等卫生、给养相关的内容，也应在广义上涵盖。第二，隔离中服刑人员和外部的交流、知情自由、通信、会见等。第三，作为拘禁缓和或者一时停止的周末拘禁、开放设施收容、外部通勤、归休等。第四，作为以拘禁关系终了为目标的假释请求权等。第五，拘禁中对服刑人员经济生活产生影响的租金请求权、社会保险加入权等。与此相对，处遇关系不是自由刑执行的内容，而是利用拘束服刑人员自由的时间，为服刑人员创造再社会化的诸多措施、对策。

第四节　研究思路

一、研究思路

本书将从与日本监狱行刑法律关系——服刑人员法律地位相关的理论、判例、立法等不同方面展开研究。在此基础上，以下述"法治主义"的内容为基准和出发点，对监狱行刑法律关系展开审视，进而明确其经验、教训以及对我国的启示、镜鉴。

法治主义的核心在于追求公权力运用与尊重个人权利之间的平衡，法治主义的基准应当是围绕这一核心展开的。因此，作为本书研究基准和出发点的法治主义包括以下四方面的内容。第一，保留原则。即人类在不与他人权利、自由相抵触的情形下，作为享有所有权利、自由的存在保持其在人类社会共同体内的生存和一切活动，其权利、自由无需法律赋予。这是一个人的基本属性，也是所有人的共同属性。第二，法律主义原则。国家为了社会治理和公共利益，必须限制个人权利时，要通过立法进行明确，即什么情形下个人的权利、行动自由被限制或者剥夺要事先由能够代表国民的国家立法机关进行规定。并且，这种限制或者剥夺的根据、要件、程序、法律效果都必须通过法律进行明确。第三，比例原则。国家公权力在对个人施加刑罚或者进行权利限制时，必须遵守比例原则。要根据被限制或剥夺的权利、行动自由的性质，采取相应的措施。并且，这种限制或者剥夺必须控制在必要限度内。第四，司法救济原则。当个人对国家公权力限制或剥夺其权利、自由的行为有异议时，要允许其向中立的第三方寻求司法救济。[1]

二、研究方法

本书综合运用文献研究法、跨学科研究方法、案例研究法、比较研究法等研究方法。

文献研究法：对于有关日本以服刑人员法律地位为中心的监狱行刑法律关系的文献进行阅读、梳理，明确现有理论研究的到达点。

跨学科研究法：运用刑法学、刑事诉讼法学、刑事执行法学等领域的前沿基础研究、学科共识的有益成果，构建审视、检验以服刑人员法律地位为中心的监狱行刑法律关系的理论基准。

案例研究法：对日本《监狱法》时代行刑诉讼中的典型案例展开研究，在此基础上分析《监狱法》之下司法救济的确立、发展与局限；对日本《刑

---

〔1〕 参见王云海：《日本的刑事责任、民事责任、行政责任的相互关系》，载《中国刑事法杂志》2014 年第 4 期。

事收容设施法》颁布实施后的行刑诉讼展开研究，分析《刑事收容设施法》之下在实务中服刑人员权利保障的变化。

比较研究法：在对日本监狱行刑法律关系研究的基础上，展开中日间的比较研究。通过比较研究明确日本服刑人员法律地位的变化、现状、特征，得出对中国有借鉴意义的经验、教训。

在日本，从 1908 年《监狱法》（已废除）制定至今，服刑人员的法律地位经历了"特别权力关系"时代、"修正的特别权力关系"时代以及"诸利益衡量"时代。在特别权力关系之下，保留原则、法律主义原则、比例原则、司法救济原则都被排除在行刑之外，服刑人员受代表国家权力的行刑方的概括性支配，在刑罚执行过程中，其权利、行动自由受到什么样的限制或剥夺，一切都由行刑方进行自由裁量。1958 年，以平峰判决[1]为契机，行刑中的特别权力关系得以修正，监狱行刑理念开始转向修正的特别权力关系。在修正的特别权力关系之下，国家与服刑人员之间的关系虽然仍是特别权力关系，但尊重服刑人员基本人权的内容受到了人们的重视，行刑方不能像以前那样无限度地对服刑人员进行权利限制。特别是当行刑方恣意行使权力，侵害到服刑人员的权利时，服刑人员通过诉讼寻求司法救济成为可能。1983 年，淀号判决之后，特别权力关系被彻底否定，诸利益衡量标准得以确立。根据诸利益衡量标准，行刑方在限制服刑人员的权利时，必须根据当时的具体情况、被限制权利的性质、刑罚的内容、刑事设施内纪律维持的需要等进行利益的比较、衡量。[2]2006 年，日本的《刑事收容设施法》得以制定，在此之下，服刑人员的法律地位得到了进一步改善。[3]

与日本不同，中国服刑人员的法律地位经历了从 1949 年新中国成立到 20 世纪 80 年代初期的"惩罚改造客体"时代、从 20 世纪 80 年代初期到 20 世纪 90 年代后半的"特殊公民"时代以及从 20 世纪 90 年代后半期至今的"列举的权利主体"时代。在惩罚改造客体时代，受阶级斗争的影响，劳动改造

---

〔1〕　大阪地方裁判所判决/昭和 33·8·20『行政时间判例集』9 卷 8 号（1958）1662 页。

〔2〕　最高裁判所大法廷判决/昭和 58·6·22『判例時報』861 号（1983 年）8 页。

〔3〕　澤登文治『受刑者の人権と人間の尊厳——世界標準と社会権の再構成』（日本評論社，2019 年）20 頁。

中的服刑人员被作为"人民的敌人",是接受惩罚和改造的客体。尤其是受法律虚无主义的影响,服刑人员法律意义上的权利尚未真正引起人们的关注。在特殊公民时代,服刑人员的公民地位得到承认,但是只不过其作为公民具有特殊性,其权利也仅仅是在形式上被承认。在列举的权利主体时代,《监狱法》中列举式地明确规定了服刑人员所享有的权利。[1]

最后,本书将以法治主义为核心,对中日服刑人员法律地位相关的发展历程、现状、特征等展开详细研究,在此基础上,参考日本的经验和教训,明确中国服刑人员法律地位的应有之义,为我国行刑法治化的发展建言献策。

---

[1] 参见刘崇亮:《制度性需求下〈监狱法〉修改研究》,中国法制出版社 2018 年版,第 80 页。

服刑人员与国家关系的诸理论

第一节　特别权力关系论

一、特别权力关系论的概说

（一）特别权力关系论的移植背景

从 1908 年日本《监狱法》制定至第二次世界大战结束，日本的行刑支配理论是特别权力关系论。所谓特别权力关系，是指特定的人和国家或者公共团体之间的关系，基于公法上的特定原因成立，该特定的人服从于公权力的特殊概括性支配。而支持这种关系存续的理论即为特别权力关系论。与诸多其他公法理论、特别是行政法理论一样，日本传统的特别权力关系论是在明治宪法时代，从德国公法学中照搬过来的。

但是，明治宪法时代却不是法治的时代。这一时期法治主义只是形式的、片面的，实质意义上的法治主义原则并不存在。[1] 即关于个人权利的保障仅仅通过法律的形式进行规定，却没有涉及实质内容。尤其在有关服刑人员的权利保障上，仅仅只有一些形式性、抽象性的规定，实质、具体的内容少之

---

〔1〕 澤登文治『受刑者の人権と人間の尊厳——世界標準と社会権的再構成』（日本評論社，2019 年）20 頁。

又少。当时作为调整国家与服刑人员之间关系的基础的《监狱法》仅有75条，无论是在保障服刑人员的权利方面还是在对行刑方的规制方面都明显不足。正因如此，日本在《监狱法》之下广泛允许敕令、省令、通达等由行政机关作出的实质"立法"存在，即由行政命令或裁量发挥立法的作用以弥补这种不足。在国家权力尤其是行政权力的发动上造成很多例外情形，这为特别权力关系论的存在提供了土壤。

（二）特别权力关系的初步认识

特别权力关系论被介绍到日本的初期，明治宪法之下对于特别权力关系包含哪些类型，并没有进行明确规定。对于哪些类型属于特别权力关系以及在这种关系之下国家公权力和个人之间的状态应该是什么样的，日本学者进行了诸多研究。

美浓部达吉认为，特别权力关系包括公法上的勤务关系、监狱设施等营造物利用关系、公共团体和团体成员之间的关系。[1]渡边宗太郎认为，特别权力关系包括特殊的勤务关系、学校医院等营造物利用关系以及刑务所、教养院中的特别监视关系。[2]佐佐木惣一大体上与美浓部达吉持同样的看法。只不过与美浓部达吉所认为的"公的营造物中特别权力关系的存在不是经济原因，而是在具有教育感化需要的情形下"不同，佐佐木惣一与渡边宗太郎一样列举了医院利用关系，并且认为道路通行关系也属于特别权力关系。[3]可以看出，不论是美浓部达吉还是渡边宗太郎抑或是佐佐木惣一都认为国家与服刑人员之间的行刑关系是特别权力关系。

二、特别权力关系论下服刑人员权利的概括限制

在特别权力关系论之下，服刑人员是法治主义的例外。根据法治主义原则，在一般权力关系中，国家对个人的基本权利进行限制时，必须依据法律。在特别权力关系中，国家公权力对服刑人员的基本权利进行限制时，对于是

---

〔1〕 美濃部達吉『行政法序論』（有斐閣，1948 年）66-67 頁。

〔2〕 渡辺宗太郎『日本行政法（上）』（有斐閣，1942 年）30 頁。

〔3〕 佐々木惣一『日本行政法総論（改版）』（有斐閣，1924 年）170 頁以下を参照している。

否需要依据法律规定的问题，虽然存在不同的理解，但在不同理解之下达成的共识是：法律依据并不是必需的。

（一）相对区别说

相对区别说对特别权力关系之下的基本权利限制依据与一般权利关系进行了相对区分。相对区别说认为，对处于特别权力关系下的个人进行权利限制时，并不能将其与一般公民完全区别对待，受特别权力关系支配的人，可以像一般公民一样享有部分权利。问题的关键在于如何对待被限制的权利。根据相对区别说的观点，特别权力关系所形成的法秩序属于国家公权力发动的公法秩序，这种公权力的部分法秩序的形成是以法律或者个人的同意为基础的。根据相对区别说的主张者渡边宗太郎的观点，这种特殊的行政关系必须基于法律规定或者行政客体的任意同意而成立，即法律规定或者个人的任意同意授权了行政主体在特别权力关系中的概括性支配作用。[1]在此前提下，为达到特别权力关系下的行政目的只要在必要限度内不与法律相抵触即可，即在这种关系之下，行政对象的基本权利是可以被国家权力限制的，只要不与法律规定相抵触，甚至不需要限制的依据。

相对区别说的主张者渡边宗太郎认为，特别权力一旦启动，不论是在命令权之下还是在惩戒权之下，只要特别权力关系根据法律规定或者个人同意成立之后，即使没有法律依据国家权力也能够对个人权利进行限制。[2]与此相对，相对区别说的另一主张者美浓部达吉对命令权和惩戒权之下发动特别权力是否需要法律依据进行了区分，认为在惩戒权之下是基于合意而成立特别权力关系，因此国家对个人的权利限制无需法律特别规定，而命令权之下是基于法律规定成立特别关系，因此特别权力的启动需要有相关的法律规定。[3]同样，圆部敏认为特别权力关系是基于法律规定或者个人的同意而成立的。并且认为特别权力必须在法律所允许的限度内行使，因此基于法律规定或者个人的同意对特别权力概括性的授权与依法行政的原则并不矛盾。[4]这一观点

---

〔1〕　渡辺宗太郎『日本行政法（上）』（有斐閣，1942年）16-18頁。
〔2〕　渡辺宗太郎『日本行政法（上）』（有斐閣，1942年）26-30頁。
〔3〕　美濃部達吉『行政法序論』（有斐閣，1948年）66-67頁。
〔4〕　圓部敏『公法上の特別権力関係の理論』（有斐閣，1955年）88-89頁。

与渡边宗太郎的相对区别说大体相同。

可以看出，在相对区别说中，不论是主张在命令权与惩戒权之下启动特别权力关系的美浓部达吉和渡边宗太郎还是对国民基本权利进行分类并划定特别权力关系范围的圆部敏，均主张特别权力关系论在一定程度上是超越了宪法、法律的存在。即使特别权力关系成立被认为需要法律授权的情形中，这种授权也只是一种概括性授权。特别权力关系之下，当国家权力对服刑人员的权利进行限制时，相对区别说学者认为不需要具体法律依据。

（二）绝对区别说

绝对区别说将特别权力关系与一般权利关系进行了完全区分。绝对区别说认为，特别权力关系是特殊的法律关系，它与法的核心精神有本质区别。因此，保障基本人权和贯彻法治主义在特别权力关系中完全不被考虑。另外，该学说虽然认为特别权力关系属于一种公法上的权力关系，但是其认为特别权力关系与公法上的一般权利关系有本质区别。

该学说的代表人物雄川一郎认为，在特别权力关系中，对一般权利关系所适用的宪法原则、一般法律原则都要发生相应的改变，个人的基本权利状态也应发生相应改变。宪法上对基本权的保障仅仅存在于国家与国民的一般权利关系中，因此，一旦国民与国家的关系进入到特殊的权力关系，其权利自由则理所当然受到相应限制。[1] 这种限制的程度可以根据各特别权力关系的具体内容而改变，但应当根据特别权力关系的性质、目的限定在合理范围内。

可以说在特别权力关系之下当国家权力对服刑人员个人基本权利进行限制时，并不一定必须具有法律依据，在这一点上，绝对区别说与相对区别说并无本质不同。

三、特别权力关系论中的行刑诉讼

在特别权力关系中，国家公权力拥有概括的支配力，排斥法律主义原则。

---

〔1〕 竜之助原「特別権力関係と基本的人権」『教育委員会日報』第 2 号（1966 年）4-12 頁。

那么，当处于特别权力关系中的个体的权利因为公权力的发动受到国家的支配性限制或者剥夺时，作为公权力发动对象的个体是否可以通过诉讼的方式寻求救济？如果公权力的发动可以成为抗告的对象，审判机关的裁判权可以涉及的范围边界在哪里？对此，日本行政法学者围绕特别权力关系中的行政诉讼展开了研究。

特别权力关系论的主张者们认为，原则上裁判权不能涉及特别权力关系领域。美浓部达吉认为特别权力关系中的个别命令与基于一般行政关系成立的行政行为不同，除法律有特别规定外，作为行政客体的国民不能向裁判机关提起诉讼。[1]圆部敏认为，特别权力行为是行政活动，具有公权力性，因此产生的特别权力关系与一般权力关系不同，当行政对象对此产生异议时只能在特别权力关系内部进行救济，在法律没有特别规定的情形下，不能向裁判机关提起诉讼。[2]田中二郎认为，特别权力关系以法秩序的多元性为前提，应当给予特殊的社会主体自主决定权力，与裁判机关相关联的仅仅是一般性法秩序，特殊法秩序则不能进入裁判范围。因此，除非特别的法律规制，裁判权不能介入特别权力关系领域。另外，田中二郎认为，以法秩序多元性为前提，在国会、地方议会、国立、公立学校等特殊社会的内部，以维持一般法秩序为目的的国家法律要向规制特殊社会内部秩序的法律让步，这种特殊法秩序的维持与一般法秩序的维持不同，应当由特殊社会行政主体进行自主决定。尤其是在没有特别的法律规定时，不能允许司法权介入该领域。[3]

可以看出在特别权力关系论中，当特别权力关系支配下的服刑人员的权利受到公权力的侵害时，是不允许通过提起诉讼寻求司法救济的。

四、特别权力关系论下的行刑关系

在一般权力关系中法治主义原则被全面适用，与此相对，在特别权力关系中，为实现特别权力关系设定的公法上的目的，在必要范围限度内，特别

---

〔1〕　美濃部達吉『行政法序論』（有斐閣，1948 年）66-67 頁。
〔2〕　園部敏『公法上の特別権力関係の理論』（有斐閣，1955 年）88-89 頁。
〔3〕　田中二郎『行政法』（勁草書房，1976 年）82 頁。

权力主体对特别权力服从者实施概括性支配，这种支配排斥保留原则、法律主义，即使没有法律根据，作为支配特别权力的一方依然能够实施命令、强制措施等。以此为前提，服刑人员作为一般国民所享有的基本权利，即使没有法律依据时，在一定的范围和限度内也能够被限制，并且不允许通过提起诉讼寻求司法救济。

因此，从明治时代开始一直到第二次世界大战结束后，日本在有关服刑人员权利的保障和限制上，往往是通过政令、省令、监狱长的通告等形式进行。这些规范虽然是以法律为依据而制定，但是涉及行刑实务中的具体问题时，所谓的依法行刑并非时时都能应对现实需要，这时就需要依靠行刑主体进行行政裁量。但是这种裁量权的界限在哪里，法律中并没有明确的标准，可以说这种行政裁量权是可以超越法规范的。而特别权力关系论则为行刑主体对服刑人员的概括性支配、为这种超越法律的裁量提供了理论依据，即服刑人员一旦被收容到监狱，其作为一般国民所享有的为法律所保护的权利自由均被剥夺进而沦为法外之物。

这样，服刑人员成了服从于国家或者行刑机关特别统治权的客体。与一般国民相比，其权利自由受到更强更多的限制。换言之作为犯罪人受到有罪判决，被收容到监狱之后即处于监狱收容关系中，为了达到刑罚执行的目的，行刑机关可以以自己制定的规范为依据对服刑人员实行概括性支配。在特别权力关系中，处于一般权利关系的国民为宪法所保障的基本权利、为法律所保护的权利自由、实体法和程序法上的比例原则以及司法上的救济全部被排除了。服刑人员被收容在哪里、享有什么样的自由、生活环境如何、当其违反监狱纪律秩序时受到什么样的惩罚等均属于监狱行刑的日常业务范畴，由行刑机关进行专权性裁量。

第二节　特别权力关系论的修正

第二次世界大战之后，《日本国宪法》颁布。但是，在《日本国宪法》中并没有能够支撑特别权力关系论的内容，却明确规定了法治主义，禁止公权力的恣意，确立了保障人权原则。尊重和保障公民权利的议题因此备受关注。与此相应，在部门法领域，刑法中的"罪刑法定"、刑事诉讼法中的"无罪推定"、行政法中的"依法行政"原则也得以确立下来。在此背景下，先前的特别权力关系论没有了存续空间。随着人权意识的发展，出现了虽然维持特别权力关系这一概念，但并不否定保障基本人权、依法行政与司法救济的主张。

一、特别权力关系论修正中的权利限制

《日本国宪法》第 11 条规定："国民所享有的一切基本人权不受到侵犯。本宪法所保障的国民的基本人权是，作为不可侵犯的永久权利现在及将来均赋予国民。"根据《日本国宪法》规定，对其所有国民而言，其权利状态是生而俱来的，并且宪法保障其作为人生存下去所必须拥有的这些基本的绝对的权利。当时日本的现实是受特别权力关系支配的人，与一般国民相比受到了更多的权利限制。那么在《日本国宪法》之下对这些人进行权利限制应然状态是什么？

对于上述问题，特别权力关系论的修正者在维持特别权力关系这一概念的同时，认为国家应当尊重处于特别权力关系之下的个人基本人权。例如，对特别权力关系论进行修正的田中二郎认为，"对于处于特别权力关系之中的个人，国家权力可否限制其作为一般国民为宪法所保障的基本人权呢⋯⋯从保障基本人权的精神来说，即使处于特别权力关系之中，国家也应当尽可能地尊重其基本人权。但是，从特别权力关系设定的目的、社会观念等出发，在合理的范围内对其进行一般人之外的限制也不是不可能。"[1] 特别权力关系修正论者磯崎辰五郎认为，"日本国宪法中所规定的保障基本人权，不仅仅包括对一般权力关系中个人人权的保障，也包括对特别权力关系中个人人权的保障。当然基本人权与公共福祉之间具有界限，为维护公共福祉在必要的限度内对人权进行限制在所难免，但是在特别权力关系中对个人权利进行限制时，依然需要这种限制人权的法律依据。"[2]

---

〔1〕　田中二郎『要説行政法』（弘文堂，1972 年）82 頁。

〔2〕　磯崎辰五郎「特別権力関係の理論と日本国憲法」（恒藤先生古稀祝賀記念『法解釈の理論』所収）（有斐閣、1960 年）243–244 頁。

可以看出，在特别权力关系论的修正中否定了特别权力关系之下国家对服刑人员权利的恣意限制或剥夺，具有保障基本人权的意义。

二、特别权力关系论修正中的行刑诉讼

在特别权力关系之下，当服刑人员因个人权利受到限制或者剥夺，与特别权力主体之间产生争议时，其不能享有通过提起诉讼寻求司法救济的权利。对此，特别权力关系修正论在维持特别权力关系概念的同时，允许处于特别权力统治下的个人对部分行政行为提起诉讼。

特别权力关系论的修正者认为，特别权力关系之下的行政行为包括特别权力关系的内部行为和一般市民秩序中的外部行为。对于外部行为裁判机关是可以介入的。例如，田中二郎认为"司法权的使命在于维护市民法秩序，裁判机关当然能够介入进来。特别权力关系之下的行政行为可以分为内部的和针对一般市民法秩序的，对于后者审判机关当然可以介入。"[1]雄川一郎与田中二郎基本持相同的看法，他认为能够成为抗告对象的行为必须是与一般法秩序中国民法律地位相关的，问题的关键在于在特别权力关系中如何认定哪些行为是与国民权利义务相关的行为。[2]对此，他认为，"当个人进入特别权力关系之中，则意味着一方面为使该权力关系所追求的目标得以实现，其必须作为该权力关系的组成部分，另一方面，相对于该关系中的权力主体其享有一定的个人权利保障，在前者中，当个人与特别权力主体之间产生争议时，则必须在特别权力关系内部解决，而在后者中，则可以通过诉讼寻求救济"。[3]另外，绵贯芳源将特别权力关系解释为具有一定统一性集团的内部法律关系，认为惩罚处分因为不具备行政程序要件，所以惩罚处分对象不能通过司法程序提出取消变更要求。[4]

---

〔1〕 田中二郎『要説行政法』（弘文堂，1972 年）82 頁。

〔2〕 雄川一郎『行政争訟の理論』（有斐閣，1986 年）80 頁。

〔3〕 雄川一郎『行政争訟の理論』（有斐閣，1986 年）80 頁。

〔4〕 綿貫芳源＝木村实編『行政法概論』（ぎょうせい，1985 年）46 頁。

三、特别权力关系论修正下的行刑关系

在特别权力关系论的修正下，在行刑领域，国家与服刑人员的关系虽然整体上还是特别权力关系，但是行刑机关对于服刑人员重要基本人权进行限制时必须依据法律。另外，必须根据收容的本质、目的将限制的程度限定在合理且必要的限度内。[1]并且，服刑人员对此有异议时，允许其寻求司法救济。[2]这样，作为限定特别权力关系论的方法，对服刑人员重要的基本人权进行限制时必须依据法律，并以此作为将法律主义导入行刑关系的媒介。

但是，哪些权利是重要的基本权利，哪些不是重要的基本权利？日本当时的《监狱法》并没有对此进行明确规定。因此，为了维持监狱机构的运营及秩序，对于服刑人员权利限制的判断，依然由行刑机关基于专门知识进行自由裁量实现。[3]这种做法遭到了批判。比如，福田雅章认为，这样做虽然是尊重刑事执行机关的自主性，但是在公权力发动的限度内常常涉及行为对象的人权，当没有法律依据却允许行刑方对服刑人员权利限制的必要性与合理性进行自主判断，服刑人员对此有异议时，其寻求事后司法救济的权利如果不能得到充分保障，则会湮灭法治保障人权的本质。

由此可见，特别权力关系论的修正也有无法克服的局限性。因为其依然肯定国家与服刑人员之间特别权力关系的存在，同时又欠缺明确重要基本人权的标准，实质上这种理论之下服刑人员仍受行刑方的概括性支配。

第三节　特别权力关系论的否定

20 世纪 70 年代后期，随着尊重人权思潮的兴起，特别权力关系论的否定

---

〔1〕　福田雅章「行刑問題に対する裁判所の関与——アメリカにおけるハンズ・オッフ・ドクトリン（不干渉主義）の崩壊」一橋論業 71 巻（1971 年）51 頁参照。

〔2〕　この部分について、以下の文献に基づく。室井力『特別権力関係論』（勁草書房，1968 年）358-366 頁、王雲海『「刑務作業」の比較研究：中国、米国、日本』（信山社，2001 年）138-140 頁、本庄武「受刑者の法的地位と自由刑の改革」本庄武＝武内謙治編著『刑罰制度改革の前に考えておくべきこと』（日本評論社，2017 年）83 頁以下である。

〔3〕　菊田幸一『受刑者の法的権利』（三省堂，2016 年）1-12 頁。

主张在行刑关系的相关讨论中被提出。所谓特别权力关系论的否定，是指在"法的支配"、人人平等、尊重保障人权等原则的基础上，即使在行刑关系——这种特殊统治关系中的个人与国家之间的关系和一般人与国家之间的关系也没有什么不同，因而没有必要继续维持特别权力关系这一概念。

一、特别权力关系论的否定学说

《日本国宪法》将法治主义具体化，规定了保障国民的权利平等、尊重人权等内容。以此为根据，日本学者认为，在特殊统治关系中的国民，与国家权力机关之间的关系，与一般国民与国家权力机关之间的关系没有什么不同。因此，日本学者认为，《日本国宪法》的整体价值体系，特别是民主主义、人权主义的价值基准，是对传统特别权力关系论的否定。[1]

首先，学者们认识到这一内容，开始有意识地避免使用特别权力关系论这一术语。如宫泽俊义在论述"人权保障的法律关系"一文中，使用了"特殊的法律关系"这一用语，主张所谓特殊的法律关系是"特定的人处于与一般的法律关系不同的法律关系"，并提出要注意"基于这种特殊法律关系进行的人权制约是否违反人权宣言"的问题。[2]

之后，和田英夫从正面否定了特别权力关系论。他认为"日本现有制度已不适合特别权力关系的存续，在法治主义之下，特别权力关系的概念没有必要继续存在"。[3]和田英夫主张特别权力关系论只是一个工具性的概念，应当彻底否定。[4]松岛谆吉也对《日本国宪法》之下特别权力关系存续的妥当性提出了质疑，他认为依据公共福祉对人权限制时，要确保依法行政的妥当

---

〔1〕 和田英夫「特別権力関係論への疑問——憲法原理と行政法理論との谷間」『法学セミナー』（日本評論社，1967 年 49-50 号）75 頁、松島諄吉「在監関係について——伝統的な『特別権力関係修正論』への批判的一考察」『磯崎辰五郎先生喜寿記念・現代における「法の支配」』（法律文化社，1979 年）274-275 頁を参照している。

〔2〕 宮沢俊義『憲法』（勁草書房，1955 年）248 頁。

〔3〕 和田英夫「特別権力関係論への疑問——憲法原理と行政法理論との谷間」『法学セミナー』（日本評論社，1967 年 49-50 号）75 頁。

〔4〕 和田英夫「特別権力関係論への疑問——憲法原理と行政法理論との谷間」『法学セミナー』（日本評論社，1967 年 49-50 号）74-75 頁。

性以及被限制人通过提起诉讼进行权利救济的可能性。[1]室井力对在法治主义之下，特别权力关系论将各种法律关系概括性地纳入特别权力关系之中的做法提出了质疑，认为这一概括性抽象概念阻碍了日本的法治以及法理论的健全发展，特别权力关系论是有害的，继续围绕其展开讨论反而会引起不必要的认识混乱，应当根据各法律关系的性质，在展开具体讨论的基础上，得出各基本人权所对应的不同关系。[2]

在日本学者对特别权力关系论展开的新批判之下，基本人权的保障更受重视。在此前提之下，明治宪法下对人权置若罔闻的特别权力关系论彻底丧失了存续的合理性。

二、特别权力关系论否定中的行刑诉讼

在特别权力关系论的否定之下，日本学者是如何看待服刑人员的权利救济呢？在特别权力关系否定论者看来，司法权较行政权具有优越性。具体可以总结为以下两个方面。

第一个方面，特别权力关系否定论之下司法权优越于行政权。这一主张的代表人物是松岛谆吉，在所谓特别权力关系论的领域，其秩序并不是完全依靠行政权的自律，当其涉及法律问题（法律上的争议）时，司法权应当介入。松岛认为重视人权的国家，应当由行政国家转向司法国家，从日本国宪法的宗旨来看司法权应优越于行政权，只有如此，对司法审查的范围才能进行扩大解释。第二个方面，特殊的公权力发动关系等同于公法关系。根据法治主义以及罪刑法定原则，涉及服刑人员的权利救济时，应当广泛允许行刑诉讼。[3]

可以看出，在特别权力关系论的否定之下司法权相对于行政权的优越性被认可，作为服刑人员权利救济之重要方式的行刑诉讼在学理上也得到了广泛认可。

---

〔1〕　松島諄吉「在監関係について——伝統的な『特別権力関係論』への批判的一考察」『磯崎辰五郎先生喜寿記念・現代における「法の支配」』（法律文化社，1979 年）246-274 頁。
〔2〕　室井力『特別権力関係論』（勁草書房，1968 年）423 頁。
〔3〕　室井力『特別権力関係論』（勁草書房，1968 年）415 頁以下参照。

三、特别权力关系论否定下的行刑关系

在行刑关系中否定特别权力关系首先面临的问题是，如何评价行刑机关为维持刑事设施内部纪律、以特别权力关系论为正当化依据而进行的自由裁量。围绕此问题的讨论分为两种主张。第一种主张认为，刑事设施内部的自由是基于法律授权的自由裁量。比如松岛谆吉认为，为了尊重行政机关的专门判断，广泛地承认基于法律授权的行政裁量就足够了。从法治主义原则出发，将服刑人员与国家的关系视为一般公权力关系，将服刑人员从特别权力关系中解救出来，对于《监狱法》仅有75条的日本具有一定的进步意义。[1]但是，通过大幅度的法律授权将自由裁量权赋予行刑主体，在行刑关系中以这样特殊的方式发动公权力，相当于承认了这一关系的特殊性，使之与其他公权力关系区别开来，实质上是允许法治的例外，这也背离了法治主义的初衷。第二种主张认为，行刑关系与一般的公权力发动之下的关系没有区别。该主张的代表人物福田雅章认为，如果将服刑人员的刑务所收容关系看作特殊公权力发动关系，在宪法上将之与一般的公权力发动关系区别开来，无疑是疏忽了宪法对人权的保障作用。[2]因此，服刑人员的收容关系也属于法治主义原则之下的公权力关系，在此意义上能够将国家与服刑人员之间的关系从以营造物利用关系为中心的特别权力关系中解放出来。

在特别权力关系否定论之下，限制服刑人员的权利时，实务中采取了什么样的标准呢？对此，有判例给出了从"公共福祉""拘禁目的"等出发的衡量标准。从公共福祉出发，主张当服刑人员的行为危害到公共福祉时，才可对其进行权利限制。但是公共福祉这一概念具有多义性，在对各种类型的权利进行限制时并不能够平等适用。比如出于维护监狱内秩序的需要，从公共福祉论出发，可以对服刑人员所持有的衣物、物品进行检查；但为了防止服刑人员逃跑，对其信件进行检查，依据公共福祉论似乎就显得过于牵强。总之，作为限制服刑人员权利的判断标准，公共福祉标准并不具有优越性，因

---

〔1〕 松島諄吉「在監関係について——伝統的な『特別権力関係修正論』への批判的一考察」『磯崎辰五郎先生喜寿記念・現代における「法の支配」』（法律文化社，1979 年）274–275 頁。

〔2〕 菊田幸一『受刑者の人権と法的地位』（日本評論社，1999 年）69 頁。

为这一概念太过抽象，在限制标准上不够明确、具体，最终只能流于表面。也有判例给出了从行刑目的、收容目的、拘禁目的等出发确立对服刑人员权利限制的标准。但是，所谓的行刑目的、收容目的、拘禁目的又是什么呢？对于未决犯和既决犯来说，目的标准又不尽相同。比如，对于未决犯，收容、拘禁的目的可能是防止其逃跑、毁灭证据等，而对于既决犯，收容、拘禁的目的可能是为了刑罚的执行、为了使其更好地改过自新等。因而，从目的论出发，也很难建立明确的标准，最后又不得不依靠行刑主体的自由裁量。

在特别权力关系否定论之下，服刑人员的基本人权得到了承认，特别是服刑人员的权利受侵害的情形下，司法救济得到了广泛的认可。但是，仅仅否定特别权力关系，依然基于行刑关系的特殊性容许法的例外存在，行刑关系仍然难以融于法治主义之中，甚至会导致违背法治主义的结果。

明治时代以来日本的行刑关系都深受特别权力关系论的影响，哪怕是经历了特别权力关系论的修正与否定之后，其影响依然明显存在。这也是日本行刑法治化进程中的一大阻碍。想要彻底改变这一现状，在否定特别权力关系论之外，确保依法行刑、加强对行刑过程中刑务官自由裁量的司法审查是日本消除特别权力关系残余、实现行刑法治化改革的关键。

第四节　正当程序关系论

一、正当程序关系论的由来

如上所述，仅仅依靠否定特别权力关系论并不能从根本上解决问题，日本的行刑长期受特别权力关系论影响，人一旦被认定有罪，就成为与一般国民不同的人——其除了享有行刑机关赋予的恩惠之外，作为一般国民所应当享有的基本权利一律被剥夺，受行刑密行主义影响，必须在与一般社会隔离的设施内服刑，如此这般，人格尊严被彻底否定，被作为行刑的客体对待。[1]这样的状况，即使《日本国宪法》制定后很长一段时间内也未得到改变。20

---

〔1〕　宮崎繁樹＝五十嵐二葉＝福田雅章『国際人権基準による刑事手続ハンドブック』（青峰社，1991 年）330 頁。

世纪 80 年代之后，日本开始意识到需要克服此种思维，重视以服刑人员的法律地位为中心的监狱行刑法律关系，虽然为了达到刑罚的目的可以对服刑人员的自由进行限制与剥夺，但是除此之外应当保障服刑人员尽可能地享有与一般国民一样的权利。特别是受美国服刑人员权利保护思潮的影响，加上日本国内人权思想的发展，日本服刑人员的主体地位越来越受到重视。虽然为了实现刑罚目的需要限制服刑人员的人身自由，但是在此之外都应当将其作为一般国民对待，[1]这种观点也开始为学者所提倡，人们开始重新审视行刑关系，并尝试从《日本国宪法》第 31 条的核心"正当程序"中寻求出路。

《日本国宪法》第 31 条规定：不经法律规定的程序，不得剥夺任何人的生命或自由，或课以其他刑罚。即，不仅有关刑罚权的实体法内容必须由法律规定和满足实体正当，且刑罚程序法亦必须由法律规定和满足程序正当，该规定被认为是对国家刑罚权的限制性规定。[2]日本学者认为，国家刑罚权包括规制犯罪的立法过程（即一般刑罚权）、一般刑罚权实现的执法和司法过程（即个别的、观念的刑罚权）、最终的刑罚执行和行刑过程（现实的刑罚权）[3]，在此基础上，学者认为《日本国宪法》第 31 条，实质上是从立法、司法以及行政执行等方面对国家刑罚权进行限制，同时，由于刑罚的执行以及行刑过程也属于行政权所涉及的领域，因此，对一般国民适用的行政作用原理在此也当然适用。[4]可以看出，日本学者企图通过《日本国宪法》第 31 条对国家刑罚权在任何阶段的发动都无区别地进行全程式限制，即行刑也必须兼具实体正当和程序正当。

实际上，在第二次世界大战结束之后，与《日本国宪法》第 31 条相对应，为了保障一般国民的权利不受公权力的恣意侵犯，日本在刑法上确立了针对一般刑罚权进行限制的"罪刑法定主义"，在刑事诉讼法上确立了针对个

---

[1] 福田雅章『日本の社会文化構造と人権：「仕組まれた自由」なかの安楽死・死刑・受刑者・少年法・オウム・子ども問題』（明石書店，2002 年）169 頁。

[2] 宮崎繁樹=五十嵐二葉=福田雅章『国際人權基準による刑事手続ハンドブック』（青峰社，1991 年）330 頁。

[3] 団藤重光『刑法綱要（総論）』（創文社，1990 年）368 頁。

[4] 宮崎繁樹=五十嵐二葉=福田雅章『国際人權基準による刑事手続ハンドブック』（青峰社，1991 年）330 頁。

别的、观念的刑罚权进行限制的"程序正当主义"。与第二次世界大战后在刑法领域较早发展起来的"实体正当主义"以及刑事诉讼法领域发展起来的"程序正当主义"相比,[1]在行刑领域的"行刑法定"尚未确立。因此,日本学者主张在行刑领域应当确立正当程序关系论,在此基础上所有层面的国家刑罚权发动都必须受到《日本国宪法》第31条的限制。[2]

二、正当程序关系论的意义

正当程序关系论的意义有哪些呢?围绕该问题,日本学者首先主张应当对《日本国宪法》第31条进行以下理解。[3]第一,《日本国宪法》第31条本质上是对所有层面的国家刑罚权发动进行了限制。第二,凡是涉及人权限制的内容,无论在实体法上还是在程序法上都必须具有法律依据。第三,无论实体上的人权限制还是程序上的人权限制必须具有法律依据。在此理解基础上,正当程序关系论被认为具有以下五点意义。

第一,为了确立和贯彻法治主义,当人们依据《日本国宪法》第13条确立的核心价值——所有国民作为个体应当受到尊重,在不违反公共福祉的前提下,立法以及其他国政层面应当对国民的生命、自由以及追求幸福的权利给与最大的尊重,对如何构建法构造化的监狱收容关系进行思索时,正当程序关系论具有指导意义。[4]第二,《日本国宪法》第31条宣明了"行刑法定主义",对于从宪法层面构建、保障服刑人员的法律地位具有纲领性作用。[5]第三,作为第二个意义的结果性内容,当面对如何通过实体、程序的正当从

---

〔1〕　芦部信喜『憲法制定権力』(東京大学出版会,1983年)244頁、大谷實『刑法講義総論』(成文堂,2012年)61頁、西田典之『判例刑法総論』(有斐閣,2018年)59頁、山口厚『刑法総論』(有斐閣,2016年)19頁。

〔2〕　福田雅章『日本の社会文化構造と人権:「仕組まれた自由」なかの安楽死・死刑・受刑者・少年法・オウム・子ども問題』(明石書店,2002年)169頁。

〔3〕　宮崎繁樹＝五十嵐二葉＝福田雅章『国際人權基準による刑事手続ハンドブック』(青峰社,1991年)331頁。

〔4〕　宮崎繁樹＝五十嵐二葉＝福田雅章『国際人權基準による刑事手続ハンドブック』(青峰社,1991年)331頁。

〔5〕　宮崎繁樹＝五十嵐二葉＝福田雅章『国際人權基準による刑事手続ハンドブック』(青峰社,1991年)331頁。

宪法层面保障服刑人员的权利、对待监狱收容关系这一问题时，正当程序关系论为人们立足于《日本国宪法》第 13 条中尊重个人尊严的内容，将政策论以及立法论、司法裁量的问题置于宪法论层面进行讨论提供了可能。[1]第四，为保障服刑人员处遇的公正性与正当性提供了依据，特别是为处遇个别化的展开提供正当程序保障的可能。[2]第五，为将国家刑罚权中应有的人权保障理念从逮捕贯彻到释放的整个刑事司法过程提供了宪法依据。[3]

可以看出，正当程序关系论尝试从宪法的视角出发保障刑事司法全过程中发生的收容关系。因此，正当程序关系论对于保障服刑人员的人权具有积极意义。

三、正当程序关系论与服刑人员的权利保障

正当程序关系论对于保障服刑人员的权利具有积极的方法论意义。具体而言，依据《日本国宪法》第 13 条以及第 31 条确立的人权限制原理，在行刑关系中对服刑人员进行权利限制时也必须严格适用。在正当程序关系论中，作为服刑人员权利限制的核心内容，其主要有以下三点：第一，服刑人员也和一般国民一样享有宪法规定的权利，拥有权利主体地位（人权的推定、人权的实质保障）。在突破这种推定，对服刑人员的具体人权进行限制时，国家必须将其限定在达到目的的必要最小限度内，并且这种限制必须以一定的事实评价为基础。另外，当这种人权限制对服刑人员产生额外的重大不利时，国家有义务将这种重大不利消除。第二，对服刑人员的权利限制必须有法律明确规定（行刑法定主义原则）。当服刑人员被宣告自由刑时，其负有服刑义务，但是，国家仅仅可以在法定的刑罚限度内对其权利进行限制，因此，刑罚内容必须具有明确性。第三，在对服刑人员进行权利限制时，必须将其限制程度限定在达成刑罚目的的最小限度内（比例原则、必要最小限度原则），当

---

〔1〕 杉原泰雄「人身の自由と刑事手続」『法律時報』1973 年 2 月号 25 頁を参照している。

〔2〕 福田雅章『日本の社会文化構造と人権：「仕組まれた自由」なかの安楽死・死刑・受刑者・少年法・オウム・子ども問題』（明石書店，2002 年）169 頁を参照している。

〔3〕 福田雅章『日本の社会文化構造と人権：「仕組まれた自由」なかの安楽死・死刑・受刑者・少年法・オウム・子ども問題』（明石書店，2002 年）172 頁を参照している。

超过该限度或者采取其他代替手段时，造成过度限制权利，则会导致残酷的刑罚。其具体适用，详细展开如下：

（一）人权的推定

正当程序关系论者认为"人权推定"不仅是日本宪法中依据个别规定所保障的国民的自由权与社会权，更是依据《日本国宪法》的最核心纲领性内容——对所有国民基本人权的平等保护。一直以来在特别权力关系论的影响下，日本的服刑人员从被判决有罪之日起就被当作与一般国民不同的行刑客体对待。为了改变这种局面，正当程序关系论者主张，在行刑领域必须贯彻正当程序价值，这意味着服刑人员的人权在法律上应当受到尊重，这一点与一般国民没有差别。[1]在此论断下，如果要打破这种推定，对服刑人员的权利进行限制，国家不仅要在达成刑罚目的的必要最小限度进行证立而且涉及具体限制的内容必须具有一定的事实评价作为依据，在这一点上给服刑人员带来重大不利的情形下必须依据正当的法律程序。

（二）刑罚内容的明确性

正当程序关系论者认为，在刑事执行领域，所谓刑罚的明确性是指服刑人员仅在刑罚的限度内承担义务，国家也仅可在此限度内对其进行权利的限制与制约，因此，为了划定对服刑人员权利限制与制约的界限，首要的工作是明确自由刑的刑罚内容。[2]但是，由于立法以及历史的原因（根据现行《日本刑法典》第9条规定分为惩役和禁锢。所谓惩役是指将服刑人员拘禁于监狱，强制服刑人员参加劳动。禁锢则是指将服刑人员拘禁于监狱内，剥夺其自由，强制劳动不是禁锢刑的必然内容，禁锢刑的服刑人员可以自愿参加劳动也可以不参加劳动。惩役与禁锢虽然刑期都是一样的，但是二者适用的对象却不一样，禁锢适用于国事犯罪、过失犯罪，惩役适用于国事、过失犯罪之外的其他犯罪。之所以进行这样的区分是因为明治时代制定刑法时认为

---

〔1〕　宫崎繁树=五十岚二叶=福田雅章『国際人権基準による刑事手続ハンドブック』（青峰社，1991年）332頁を参照。

〔2〕　本庄武「受刑者の法的地位と自由刑の改革」本庄武=武内謙治編著『刑罰制度改革の前に考えておくべきこと』（日本評論社，2017年）95頁参照。

犯罪应当从道德角度区分为"非破廉耻犯罪"和"破廉耻犯罪"，国事犯罪、过失犯罪被认为不是为了自己的利益或者没有主观恶意的犯罪，被称为非破廉耻犯罪，而为了自己的利益或者有主观恶意的犯罪则被称为破廉耻犯罪。[1] 加上当时从事诸如开矿、修建铁路、水利工程这些辛苦工种的劳动被认为是耻辱的事情，为了对破廉耻犯罪和非破廉耻犯罪予以区别对待，对破廉耻犯罪适用伴有强制苦役的惩役刑，对非破廉耻犯罪则适用没有强制苦役的禁锢刑。），日本自由刑执行中往往包含了剥夺与限制自由以外的强制性内容，如作为处遇内容的刑务作业。刑罚的本质是作为责难内容的痛苦，因此，福田雅章认为伴随着自由刑执行带来的人权制约应当限定在三个方面：第一，作为责难痛苦的内容；第二，强制社会复归处遇的内容；第三，为了维持刑罚执行场所的纪律、秩序的强制性内容。[2] 可以看出，福田雅章企图借此来明确刑罚、处遇与维持刑罚执行场所纪律、秩序的强制措施之间的界限。

（三）必要最小限度原则

正当程序关系论者认为对于服刑人员的人权制约必须限制在达成目的的必要最小限度内，在使用其他非侵害性的替代手段能够达到目的的情形下，过剩的人权制约会导致《日本国宪法》第36条中所规定的"残酷的刑罚"。[3] 但是，在日本《监狱法》时代，因为行刑机关拥有广泛的裁量权，要达到这种对服刑人员进行必要最小限度制约的状态是非常困难的。比如在行刑实务当中，为了避免服刑人员将刑务作业场所的小工具作为逃狱用具带入牢房，行刑官会命令服刑人员裸跑，并对其体腔进行检查。这样的处理方式虽然能够达到行政目的或者确保行政效率，但是却不能做到对服刑人员人权的最大限度的尊重。在日本《监狱法》时代，不管是在立法层面还是行政裁量层面这种问题都是存在的。正当程序关系论从宪法的视角指出了这一问题，并尝试

---

〔1〕 川出敏裕「自由刑における矯正処遇の法的位置づけについて」『刑政』127 卷 4 号（2016）20 頁、石原明＝平野龍一『刑法総論』（有斐閣，1972 年）31 頁参照。

〔2〕 宮崎繁樹＝五十嵐二葉＝福田雅章『国際人權基準による刑事手続ハンドブック』（青峰社，1991 年）332 を参照している。

〔3〕 杉原泰雄「刑罰権の実体的限界」芦部信喜編『憲法 III 人権（2）』（有斐閣，1981 年）269 頁以下を参照している。

解决。

四、正当程序关系论下的行刑关系

正当程序关系论体现着《日本国宪法》第31条的核心——要求依据正当程序限制国家刑罚权、保障国民的权利在国家刑罚权的发动之下仍受宪法保护。宪法应当以保障国民尊严、国民权利为最重要的价值，在此基础上肩负调整权利主体之间的利害冲突——在必要的最小限度内发动国家刑罚权的责任。在此前提下，没有因为国家刑罚权的发动被限制的服刑人员的权利依然应当和一般国民一样受到国家的尊重和保护。但是，因为服刑人员被拘禁在刑事设施之中，实际上其很多的权利、自由很难像一般国民一样享有。在正当程序关系论之下，国家应当积极承担这样的义务——最大限度地对于服刑人员手中所剩余的权利给与实质的、具体的保护。[1]

那么在服刑人员的权利保护当中，作为重要考察对象的内容有哪些呢？正当程序关系论的主张者福田雅章认为，应当从以下三方面进行考察：第一，《日本国宪法》第13条关于个人尊严的核心内容——自我决定权的保障；第二，除去刑罚内容之外的服刑人员所享有的权利的实质、具体保障；第三，服刑人员复归社会的权利的保障，即服刑人员和一般国民一样，其权利、自由都同样受到宪法的保护和最大限度的尊重。国家为了达成法定的刑罚内容只能在其目的范围内对服刑人员的人身自由进行最小限度的限制，当超过这一限度时，则违背了《日本国宪法》第31条中关于正当性的要求而不再是合法合限度的人权制约，而是《日本国宪法》第36条中所规定的"残酷的刑罚"。[2]

保障服刑人员权利的重要前提是必须明确作为刑罚内容的自由刑中的人权制约的内容，即刑罚适正的内容必须实际明确下来，若非如此，不得以概括性的法律规定为依据恣意处罚服刑人员。具体而言，应当从以下三个方面

---

〔1〕　宮崎繁樹=五十嵐二葉=福田雅章『国際人権基準による刑事手続ハンドブック』（青峰社，1991年）334頁参照。

〔2〕　福田雅章『日本の社会文化構造と人権：「仕組まれた自由」なかの安楽死・死刑・受刑者・少年法・オウム・子どモ問題』（明石書店，2002年）177頁参照。

来看待正当程序关系论之下的行刑关系：第一，必须明确作为自由刑本质内容的痛苦的内容和界限，即自由刑纯化，所谓自由刑纯化是指将自由刑执行的内容尽可能地严格限定在刑法所规定的内容上、减少或者消除自由刑执行中带来的其他负面影响。[1]第二，明确作为行刑目的的社会复归处遇内容及其界限，即行刑的社会化，所谓行刑社会化是指行刑固然包括剥夺或者限制服刑人员的自由，但却远远不止于此，国家在剥夺或者限制服刑人员自由的前提下还必须使之被剥夺或者限制自由后所剩下的时间和空间尽量与一般社会所差无几，即国家要保障服刑人员接受社会复归处遇的权利，自由刑的最终目的是让服刑人员复归社会，除身体监禁以外，服刑人员同普通国民一样是权利享有的主体，为了解决其犯罪所产生的各种问题，国家负有相应的义务，应当采取实质、具体的保障措施为服刑人员提供有利的处遇环境。第三，在自由刑纯化与行刑社会化的前提下，明确刑事执行中为维持刑事设施的运营、安保、纪律秩序所必须采取的强制性内容的界限。即监狱纪律秩序的维持，并且应当精密论证其与刑罚目的之间的关系。

第五节　本章小结

综上所述，在日本以服刑人员的法律地位为中心的监狱行刑法律关系——服刑人员与国家之间的关系经历了特别权力关系论、特别权力关系修正论、特别权力关系否定论、正当程序关系论四个阶段的理论探索。无论是特别权力关系论，还是特别权力关系修正论，抑或是特别权力关系否定论都是将监狱行刑关系作为行政关系理解的，只不过因受到特别权力关系论的长期影响，很长时间内监狱行刑关系并非正常法律关系而是裁量支配关系。特别权力关系论将法治主义完全置之度外，特别权力关系修正论与否定论虽然承认依法保障服刑人员的基本人权，并且在服刑人员的权利受到行刑方的侵害时，允许其寻求司法救济，但是，同时也承认行刑关系的特殊性，允许法的例外存在，实质上依然背离了法治主义精神。正当程序关系论从国家刑罚

---

[1] 参见王云海：《监狱行刑的法理》，中国人民大学出版社2010年版，第20页。

权发动的全过程以及行刑关系的整体来把握和贯彻法治主义精神，对服刑人员法律地位的确立与发展、对行刑的宪法化与法治化具有重要意义。

　　与将服刑人员作为行刑客体的特别关系论以及对服刑人员重要权利给与关注的特别权力关系修正论、特别权利关系否定论相比，正当程序关系论试图将法治主义原则和人权保障精神贯彻到刑罚权发动的全过程以及行刑关系之中，将行刑关系具化为拘禁关系、人权关系、处遇关系[1]，并尝试从不同层面限制国家刑罚权发动中所产生的负面影响。比如，行刑中为了实现拘禁关系，可能会导致服刑人员与社会的脱节、对其权利实现产生不利影响。正当程序关系论主张将消除这种不利影响的义务赋予国家，对于保障服刑人员的人权具有重要意义。

---

　　[1]　日本通说认为行刑关系的内容包括三组关系，即拘禁关系（对服刑人员的惩罚拘禁）、人权关系（对服刑人员的人权保障）、处遇关系（对服刑人员的矫正改造）。

司法救济的肯定、发展与局限

——基于《监狱法》时代的判例

由于历史原因，《监狱法》之下的日本监狱行刑关系受特别权力关系论的影响深远。随着正当程序关系论的发展，依法对服刑人员的权利进行限制，以及积极保障其未被限制的权利，成为讨论服刑人员法律地位以及监狱行刑法律关系时不可或缺的内容。但是，直至 2006 年《刑事收容设施法》制定之前，日本《监狱法》的不足一直没有得到修正。这期间，尤其是特别权力关系论修正之后的时间，日本对服刑人员权利的积极保障，主要体现为当服刑人员对国家或行刑主体限制其人权的处分有异议时，允许其通过提起诉讼的方式进行司法救济。

第一节 司法救济在行刑中的例外

一、司法救济的重要性

明治宪法时代以来，虽然在理念与理论上日本的监狱行刑深受特别权力关系论的影响，但是，可以看出不论在特别权力关系论之下，还是在特别权力关系修正论与特别权力关系否定论之下，抑或是正当程序关系论之下，这些理论的共同点是将监狱行刑、行刑关系放在行政法理论之下进行审视、探讨，即研究作为国家权力机关代表的行政主体——行刑机关与服刑人员之间的关系与状态。只不过特别权力关系论、特别权力关系修正论之下将行刑关系视为一种特殊的行政关系，而特别权力关系否定论、正当程序关系论否定了这种特殊关系状态的同时，尝试构建起一种受宪法保护的一般行政关系。在建立这种一般行政关系时，司法救济与司法审查起着至关重要的作用。

　　法治主义的核心在于追求公权力运用与尊重个人权利之间的平衡，司法救济的基准应当是围绕这一核心内容展开的。具体而言，法治主义包括以下四方面的内容：第一，保留原则。即人类在不与他人权利、自由相抵触的情形下，作为享有所有权利、自由的存在保持其在人类社会共同体内的生存和一切活动，其权利、自由无需法律赋予。这是一个人的基本属性，也是所有人的共同属性。第二，法律主义原则。国家为了社会治理和公共利益，必须限制个人权利时，要通过立法进行明确，即什么情形下个人的权利、行动自由被限制或者剥夺要事先由能够代表国民的国家立法机关进行规定。并且这种限制或者剥夺的根据、要件、程序、法律效果都必须通过法律进行明确。第三，比例原则。国家公权力在对个人施加刑罚或者进行权利限制时，必须遵守比例原则。要根据被限制或者被剥夺的权利、行动自由的性质，采取相应的措施。并且这种限制或者剥夺必须控制在必要最小限度内。第四，司法救济原则。当个人对国家公权力限制或剥夺其权利、自由的行为有异议时，要允许其向中立的第三方寻求司法救济。司法救济是一种积极的权利保障方式，从程序正义的视角来看应当以诉讼的方式实现，即没有利害关系的第三方只能是审判机关。

二、监狱行刑的行政性质

　　日本监狱行刑活动一直以来都被定性为行政活动。这一点从其对监狱行刑的定性及其对行刑机构的定性可以看出来。

　　关于监狱行刑的定性，日本一直以来的通说观点认为所谓监狱行刑是对被收容在刑务所、拘留所等刑事设施内的服刑人员、未决拘禁人员、死刑确定人员以及其他被收容者予以人权的尊重、并与之收容性质相适应处遇的行政活动。[1]与此相应，日本的行刑机关在国家机关体系中也被定义为行政机

---

[1]　鸭下守孝『新行刑法要論』（東京法令出版社，2015 年）33 頁、団藤重光『刑法と刑事訴訟法との交錯』（弘文堂，1950 年）64 頁。

关,由法务省管理,在法务省下设置有矫正局、矫正科、矫正分区等。其具体行政机构设置如下:(1)行政厅,亦称为行政官厅,在法律上是独立的行政主体,可以作为行政主体代表国家的意志做出行政决定。(2)辅助机关,不能独立代表国家进行意思表达,只能辅助行政厅行使权限。(3)咨询机关,接受行政厅的咨询并提供具体意见,但行政厅不受其意见的约束。(4)执行机关,接受行政厅的指示命令,将行政厅的意思付诸实现。在监狱行刑行政上,法务大臣、刑事设施的长官相当于行政厅,辅助法务大臣的矫正局局长以及矫正局的其他职员、矫正管区长以及矫正管区的职员、刑事设施的部长、科长相当于辅助机关、刑事设施的刑务官会议、惩罚审查会相当于咨询机关、行刑官相当于执行机关。

虽然从行刑以及行刑机关的定性来看监狱行刑就是行政活动,但是一直到 20 世纪 80 年代,日本的行刑实务深受特别权力关系论的影响,并未将行刑活动中的刑务官对服刑人员的权利限制认定为一般意义上的处罚或行政处罚,而是一直把行刑机关在行刑实务中对服刑人员进行的刑法规定的刑罚之外的权利限制认定为是普通的行政处分,认为行刑机关对服刑人员作出各种禁止命令或者附加特定义务都是为了实现特定的行政目的,为了保证行政的效率以及服刑人员履行这些义务,对于违反义务的服刑人员允许行刑机关给与一定的强制性剥权。[1]并且将这种强制性剥权等同于国家行政机关依照行政隶属关系给予有违法失职行为的国家公职人员的惩戒处分,认为无论公务员还是服刑人员、与处于基于一般统治权产生的一般权力关系之下的国民相比都是处于特殊的法律关系之下,国家为了维持行政秩序有权力对其进行行政处分。[2]

三、司法救济在行刑实务中的例外

很长时间以来,在日本的行刑实务中这种所谓的"行政处分"被认为不是刑罚。因此,《日本国宪法》第 31 条关于国家刑罚权限制的内容——"非

---

〔1〕 鸭下守孝『新行刑法要论』(东京法令出版社,2015 年)33 页。

〔2〕 田中二郎『行政法总论』(有斐阁,1957 年)408 页参照。

经法定程序，任何人的生命、自由都不被剥夺、都不得被科处刑罚"对于服刑人员并不能直接适用。这也直接导致了服刑人员对于行刑机关的行政裁量有异议时不能顺利寻求司法救济、而成了司法救济对象中的例外。比如在静冈地方裁判所于 1960 年 3 月 18 日做出的判决中裁判官认为服刑人员没有权利要求行刑机关取消行政处分而对其起诉不予受理。[1]又如，在千叶地方裁判所 1960 年 4 月 14 日做出的判决中裁判官认为将服刑人员转移到其他刑务所的处分行为是刑务所所长的自由裁量行为，属于其自由裁量的权限范围，而对其起诉不予受理。[2]再如，大阪地方裁判所在 1966 年 12 月 26 日做出的判决中对于服刑人员所主张的"行刑机关给予服刑人员食物的行为不是事实行为、行刑机关要求服刑人员对行刑机关的食物给予量进行忍耐的义务是违法的"，裁判官认为行刑官给予了能够保持服刑人员健康的最低限度的食物，进而对于服刑人员的起诉作出不予受理的决定。[3]

从正当程序关系论的视角来看，当服刑人员对行刑机关就其权利限制或者剥夺所作出的自由裁量有异议时，其拥有寻求司法救济的基本权利，并且司法机关应当允许其通过诉讼寻求司法救济，哪怕在《日本行政诉讼法》《日本国家赔偿法》已经具备的时代，服刑人员依然是司法救济对象的例外。但是这种例外在 20 世纪 50 年代末期也有了新的改变。

第二节　司法救济的肯定——平峰判决[4]

在深受特别权力关系论支配、影响的日本，很长一段时间内司法实务中是绝对不允许服刑人员通过诉讼进行权利救济的。1958 年 8 月 20 日大阪地方裁判所作出的"平峰判决"，首先对由特别权力关系论支配下的行刑关系作出了改变，代表了日本裁判所当时的新立场。

---

〔1〕　静冈地方裁判所/昭和 35・3・18『行政事件判例集』11 卷 3 号（1960 年）716 页。
〔2〕　千叶地方裁判所/昭和 35・4・14『行政事件判例集』11 卷 4 号（1960 年）1114 页。
〔3〕　大阪地方裁判所/昭和 41・12・26『行政事件判例集』17 卷 12 号（1966 年）1385 页。
〔4〕　大阪地方裁判所/昭和 33・8・20『行政事件判例集』9 卷 8 号（1958 年）1662 页。

一、案件事实

本案原告孙八斗，因抢劫致人死亡而被逮捕，并于 1951 年 12 月 19 日被神户地方裁判所判决死刑。对此，孙八斗向大阪高等裁判所提出了上诉。1952 年 5 月 8 日起孙八斗被拘押在大阪拘留所内。1955 年 2 月 19 日大阪高等裁判所驳回了孙八斗的上诉请求，其继续向最高裁判所提起上诉，并于同一年 12 月 16 日被驳回。此后，孙八斗作为死刑确定人员一直被拘押在大阪拘留所。从 1951 年至 1957 年，在通信、笔记书写纸的使用、书籍报刊的阅读、笔记的使用、信纸公文的扣押、收音机的收听、宗教活动、给养、差别隔离、日常起居、会见、死刑执行的预告等方面，孙八斗连续受到了大阪拘留所所长的限制性处分。对于这些处分，孙八斗提起了异议诉讼，请求确认该处分无效并予以取消，请求确认被告方具有保护原告权利的义务。

二、案件争议

本案的争论焦点包括以下三点：第一，在特别权力关系下的刑事设施收容关系中，当代表国家权力的大阪拘留所所长对被收容人员的基本人权进行限制时，如果服刑人员对这种限制有异议，是否可以提起诉讼、寻求司法救济，第二，作为行政机关的代表、根据行政目的对服刑人员进行权利限制时，是否必须要有法律依据；第三，大阪拘留所所长应当在何种限度范围内对被收容人员的基本人权进行限制。[1]

三、判决要点

对于争议点一，大阪地方裁判所作出了以下判决："被告孙八斗，因抢劫致人死亡而被逮捕，并于 1951 年 12 月 19 日被神户地方裁判所判决死刑。对此，孙八斗向大阪高等裁判所提出了上诉。1952 年 5 月 8 日起孙八斗被拘押在大阪拘留所内。1955 年年 2 月 19 日大阪高等裁判所驳回了孙八斗的上诉请

---

[1] 参见王云海：《监狱行刑的法理》，中国人民大学出版社 2010 年版，第 59 页。

求，其继续向最高裁判所提起了上诉，并于同一年 12 月 16 日被驳回后作为死刑确定人员在该拘留所服刑，双方对此无异议。根据日本《监狱法》第 1 条第 1 项第 4 号的规定，拘留所是收容刑事被告人、依据拘禁许可状、假拘禁许可状以及拘禁状被拘禁的人、依据枪支逮捕状被逮捕的人以及被判处死刑的人员的场所，由国家设置、配备有专职人员和物件设施的综合体，是依据国家意志支配、运营的公共营造物。因此，作为营造物主体的国家与被拘禁于此的原告之间具有营造物利用关系。基于此，作为负责该营造物管理运营的拘留所所长（被告）与原告之间具有公法上的特别权力关系是毋庸置疑的……基于特别权力关系，行刑主体的行为违反法律……从社会观念上看，在明显欠妥的情形下，特别是违法侵犯国民基本权利时，应当准予司法救济。"由此可见，大阪地方裁判所的判决虽然承认了在本案拘押关系以及其他行刑关系中存在特别权力关系，但是在有关基本人权的保护上，亦承认、允许司法救济。

对于争议点二，大阪地方裁判所作出了以下判决："通过强制性行政手段对人权进行限制时，必须具有法律依据，且该法律必须具有合宪性，若该法律违宪，亦不被允许……拘留所方面在决定对服刑人员的人权进行限制时，必须在拘留所设立目的与被收容人员人权保护之间进行裁量，并以此为基准。当裁量超过其限度时，即是违法……知情自由是国民的重要基本人权，国民享有阅读报纸、听收音机的自由，即使在特别权力关系中，对该自由进行限制时，也必须要依据法律。"即，当拘留所所长的自由裁量行为，涉及限制被收容人员的人权时，该自由裁量行为必须具有正当的法律依据。

对于争议点三，大阪地方裁判所作出了以下判决："行刑机关要根据其设置的目的行使权力……行刑机关权力的行使不得给服刑人员带来不利。国家基于公共利益的目的，即刑罚制度以及与之相应的诸制度的维持、一般社会公共福祉的保障不得已对服刑人员实施刑罚、进行自由的剥夺、对其造成特别的痛苦……在此之外，服刑人员的其他人权的限制当然不包括在内。参照宪法中尊重人权的精神，在对服刑人员的自由进行剥夺时，绝对不能毫无法律根据地侵害服刑人员其他合法权利。侵害服刑人员身体自由以外的权利超出了拘禁的目的，当服刑人员的行为对刑事设施的运营产生现实、明确的危险时，即使为了达到拘禁目的对服刑人员自由以外的基本人权进行限制，也不能超过所达目的的必要最小限度……知情自由是国民的重要基本人权，国民享有阅读报纸、听收音机的自由，即使在特别权力关系中，对该自由进行限制时，也必须要依据法律，并且必须将其限定在必要最小限度内。"从判决内容可以看出，在涉及具体基本人权的限制上，平峰判决要求服刑人员的行为一定会对拘禁等产生现实、明确的危险时，行刑机关方可对其基本人权进行限制，并且应当在合理、必要的限度内进行限制。

四、评价

在平峰判决中，日本裁判所在承认行刑关系基于特别权力关系成立的同时，又明确指出，即使属于特别权力关系，当服刑人员对行刑机关做出的限制其基本人权的处分有异议时，应当允许其诉诸裁判所，由裁判所进行司法审查。另外，在有关服刑人员基本人权的限制上，平峰判决明确了必须具有正当法律依据且在必要限度内进行限制，对于服刑人员的权利保障亦具有重要意义。这种态度意味着日本实务界对服刑人员的司法救济权进行有条件的肯定与承认。平峰判决一方面肯定服刑人员可以对行刑主体的自由裁量处分提起行刑诉讼，实质上在一定程度内否定了特别权力关系论；但是，另一方面，又承认公法上特别权力关系的存在。在法治主义的视野中，这种矛盾做法也遭到了批评。[1]

第三节　司法救济的发展——淀号判决 [2]

1980 年以后，日本关于行刑主体对服刑人员的权利进行限制的规定具有以下几点，且在实务中被普遍认可：第一，权利限制必须具有具体的法律依据。第二，行刑主体对服刑人员的权利限制不得超过其自由裁量的界限，如果自由裁量超过裁量权的界限则违法。第三，当行刑主体的自由裁量违法时，其需要接受司法审查。与此同时，在实务中也出现了彻底否定特别权力关系

---

〔1〕　室井力『特別権力関係論』（勁草書房，1968 年）413 頁以下参照。

〔2〕　東京地方裁判所/平成 4・7・27『判例時報』806 号（1992 年）44 頁。

的倾向，具有代表性的判例是淀号判决，该案虽然是未决犯提起的诉讼，但是对服刑人员的司法救济同样具有重要意义，在日本被称为有关刑事设施被收容人员中司法救济的集大成。[1]

一、案件事实

原告 X 等人，因 1969 年 10 月 21 日参加国际反战日活动以及同年 11 月 16 日参加阻止时任首相佐藤荣作访美活动，涉嫌携带凶器聚集罪、妨害公务活动罪、暴力妨害业务罪被依法逮捕、拘留在东京拘留所。在此期间，原告 X 等人一直自费订阅报纸。1970 年 3 月 31 日，淀号劫机事件发生，而 X 等人订阅的报纸，从 3 月 31 日的晚报到 4 月 2 日的早报上都有详细报道淀号劫机的内容，于是拘留所所长福原弘夫便将该内容涂抹至不能阅读的程度，再发放给原告 X 等人。基于上述事实关系，原告 X 等人针对拘留所所长福原弘夫涂抹报纸的行为提起诉讼，认为拘留所所长任意涂抹报纸的行为违反了《日本国宪法》第 19 条关于良心、自由的规定、第 21 条关于表达自由的规定以及日本《监狱法》第 31 条第 2 款、《监狱法实施规则》第 86 条第 1 款以及相关的训令、通达中关于被收容人员阅读权的规定，主张拘留所所长侵犯了其阅读自由，并要求拘留所所长支付他们每人 11 万日元的损害赔偿。

二、案件争议

本案的争论焦点是拘留所所长将报纸内容涂抹的处分行为是否违反宪法、是否无效。

三、地方裁判所判决要点

对于原告的诉讼请求，东京地方裁判所予以驳回，诉讼被驳回之后，X 等人又向东京高等裁判所提起上诉，东京高等裁判所对于东京地方裁判所的判决予以全面的肯定，理由如下：

---

[1] 鴨下守孝『新行刑法要論』（東京法令出版社，2015 年）99 頁。

"将刑事被告人羁押于拘留所内，对其自由进行限制，其中有防止其逃跑、毁灭罪证的目的，在对多数在监者进行集体管理时，从保障在监者的生命、身体安全、健康、卫生、刑事设施内部的稳定出发，应当允许拘留所所长在必要且合理的限度内对在监者进行身体自由以外的限制。因此，对于未决拘禁者享有的报纸、图书阅读权并不是绝对不能进行限制……但是对于这种自由进行限制时，并不是仅仅以在监者对拘留所内的纪律秩序造成了一般的、抽象的危害为依据，而是根据被限制自由的未决拘禁者的行为状态、拘留所内外的形势、拘留所内的安保状况、看守人员配置的情况、管理情况以及其他相关的具体情况，可以看出如果允许在监者阅读该报纸、图书具有给刑事设施内部的纪律秩序维持带来相当高的危险。因此，为了达到维持刑事设施内部的纪律秩序的目的，拘留所所长依据法令对在监者阅读报纸、图书的权利进行合理范围内的限制应当被允许……拘留所所长具有管理拘留所的职责，其对在监者做出这样的限制属于其裁量行为。"

同时，关于东京拘留所对原告 X 等人权利限制的合理性，东京地方裁判所从被限制权利人的人身危险性方面进行了说明。东京地方裁判所认为："东京拘留所内收容的 318 名在监者是与危害公共安全案件相关的人员，其中还有 21 名赤军派相关人员，这些人员在拘留所内经常大声喧哗、喊叫，尤其是在早上看守检查的时候，不仅喊叫，甚至不服从看守的指示拒绝检查，在这些人当中违反拘留所纪律秩序者居多、甚至骚动事件常有发生。而报纸上被涂抹掉的报道是号称赤军派的学生劫持日航乘客、监禁乘务员的恶性案件，报纸不仅对犯罪人员，而且对其犯罪经过、犯罪手段等均进行了详细的报道。如果允许阅读该报道内容，不仅会对拘留所内的赤军派在监者、甚至会对一般的危害公共安全在监者产生不良影响，加剧拘留所内纪律秩序维持的难度。因此，拘留所所长涂抹报纸的行为作为对在监者暂时性限制的裁量行为，属于必要且合理的，拘留所所长既没有超越其裁量权限亦没有对其裁量权进行滥用。因此，对原告 X 等人主张拘留所所长涂抹新闻报道这一处分行为违法的诉讼请求予以驳回。"

四、最高裁判所判决要点

（一）X 等人向最高裁判所上诉的理由

原告 X 等人向最高裁判所提起上诉的理由主要包括以下两点：

第一，未决拘禁者的阅读报纸、图书的权利是绝对的不受限制的自由，拘留所所长的裁量违反了《日本国宪法》第 19 条关于良心、自由的规定、第 21 条关于表达自由的规定，《监狱法》第 31 条第 2 款、《监狱法实施规则》第 86 条第 1 款以及相关的训令、通达中关于被收容人员阅读权的规定。

第二，原判决主张的允许阅读将加剧拘留所内纪律秩序维持的难度，是对事实的错误判断，理由不仅不充分且自相矛盾，不具有合法性。

（二）判决中的"诸利益衡量标准"

对于原告 X 等人的上诉，日本最高裁判所肯定了原审判决的正当性，认定拘留所所长福原弘夫的行为不违宪。对此，其主要从以下三个方面进行比较衡量，判断拘留所所长福原弘夫对 X 等人的权利限制行为是否合法：（1）权利限制的具体根据；（2）权利限制的允许基准；（3）所采取的具体措施的合法性。

第一，关于权利限制的具体根据，最高裁判所判决认为"未决羁押是为了防止嫌疑人或者被告人逃走或者毁灭罪证，因而，对于未决拘留人员，不仅仅是在拘留这一措施本身的限度内限制其人身自由，为防止其逃跑或者毁灭罪证，除拘留之外，对其采取其他限制自由的行为也在所难免。另外，由于国家对刑事设施内的被拘押人员实施集团式管理，为了维持刑事设施内的纪律，保障其正常运营，必要时亦可对未决羁押人员实施人身以及其他方面的自由限制。"

第二，关于限制的允许基准，最高裁判所判决认为，"被拘押人员的行为仅仅具有危害刑事设施内部纪律、秩序的一般的、抽象的危险时，是不能对其进行自由限制的，只有当其具有危害刑事设施内部纪律、秩序的危险，且这种危险具有相当的盖然性，不可放任不管时，才具有采取具体措施的必要。"

第三，关于限制的具体措施的合法性，依据最高裁判所的判决，"判断对被羁押人员的自由限制是否合理且必要，需要参照第一项中的目的，并与被限制自由的内容、性质、程度以及具体限制的样态、程度等进行比较、衡量后决定。"

五、评价

淀号判决中有两点内容代表了日本最高裁判所的新立场，该判决也被认为是以往司法实务经验的集大成。第一，否定了行刑中的特别权力关系。该判决提出在对在监者进行权利限制时要根据限制的目的进行具体的必要性考量，从实质上否定了依据抽象的特别权力关系对在监者进行权利限制的做法。第二，确立了诸利益衡量标准。该判决主张在对在监者进行权利限制时，要从在监者权利限制的正当性、权利限制的具体情况、权利的性质、刑罚的内容、刑事设施内部的纪律秩序维持等不同方面进行诸利益的综合衡量。不仅对司法实务具有参考意义，对行刑实务中服刑人员权利的限制与保障同样具有重要的参考、启发意义。[1]

淀号判决确立的诸利益衡量标准是日本司法实务界在行刑诉讼领域不断探索的结果。在该判决中裁判官对权利限制的允许标准与权利限制的具体标准进行了区分，只有在两者都满足的情形下，刑务官对服刑人员的权利限制才具有合法性，这一点不论在监狱行刑理论上还是监狱行刑实务中都具有重要意义。但是，问题是该判决与以往判决一样，在涉及权利限制的必要性判断时都使用了"相当盖然性"这个词语，认为只有当服刑人员的行为或者服刑人员享有某种权利对刑事设施内的纪律秩序或者拘禁的目的产生具有"相当盖然性"的危险时，刑事设施的长官才可以对其进行权利限制。问题是无论"相当性"、"盖然性"还是"相当盖然性"都是一个不确定的概念，在进行利益衡量比较时，如何认定上文中所提到的"相当的盖然性"呢？

---

[1] 鸭下守孝『新行刑法要論』（東京法令出版社，2015 年）100 頁。

第四节　司法救济的局限——广岛判决[1]

关于服刑人员权利限制的相当性判断，实务中采取了"明确、现在危险"标准，即当行刑主体预见到服刑人员的行为对刑事设施内的纪律、秩序等一定能够产生明确现实的危险时，才可对其进行权利限制。比如在上述平峰判决中，"当拘留所所长预见到服刑人员的行为对拘押以及管理等一定会产生明确、现实的危险时，其所采取的权利限制措施才可能合宪。"但是，由于此标准过于严格，导致对服刑人员权利限制的范围过于狭窄。也有判例将具有产生明确现实危险的高度可能性或者可能性作为限制标准。[2]其中广岛判决具有典型性。

一、案件事实

该案中原告从 1962 年 10 月 27 日起作为服刑人员被收容在广岛刑务所，于 1966 年 8 月 30 日填写代管金使用申请书申请购买由有斐阁出版发行的图书《监狱法》，广岛刑务所在收到原告的申请书后于 1966 年 9 月 1 日做出不予许可的处分决定。原告认为其所申请购买的《监狱法》是关于监狱法及其相关法律法规的解说图书，对于行刑目的不会产生任何妨害，而是其在诉讼活动——其在广岛高等裁判所正在提起的、要求被告取消对其惩罚处分的行政诉讼、以及准备向广岛地方裁判所提起的、要求被告取消对其惩罚处分、进行损失赔偿的诉讼——必需读物。原告主张，根据宪法规定任何人都有向裁判所提起诉讼、接受裁判的权利，在此权利基础上为了达到有利于自己的裁判结果，购买相关书籍进行阅读是其准备、进行诉讼活动所必需的，广岛刑务所做出的禁止处分是违法的，应予以取消。

---

〔1〕 広島地方裁判所/昭和 42・3・15『訟務月報』13 巻 4 号（1967 年）473-482 頁。

〔2〕 熊本地方裁判所/平成 23・3・15『判例時報』2138 号（2011 年）90 頁、広島地方裁判所/昭和 42・3・15『訟務月報』13 巻 4 号（1967 年）482 頁、東京地方裁判所/平成 4・7・27『判例時報』806 号（1992 年）44 頁。

二、案件争议

广岛刑务所所长禁止服刑人员购买监狱法及其相关法律法规解说的学术性专业书籍是否侵犯了服刑人员的基本人权。

三、判决要点

广岛地方裁判所认为，"在监关系的本质是国家依据裁判所做出的判决对服刑人员进行持续的拘禁使之与一般社会隔离，在此期间并对其进行矫正教化。为了防止服刑人员逃跑以及维持刑务所内的纪律、秩序，当服刑人员阅读某一书刊图画后对监狱纪律秩序产生明确现实的危险时或者服刑人员具有逃跑的盖然性（很高的可能性）时，刑务所所长才可以禁止或者限制其阅读该书刊图画。即当认定服刑人员阅读某种书刊图画对防止其从监狱逃跑或者监狱纪律秩序的维持具有明确、现实危险的相当盖然性时，允许监狱长对其阅读该书刊图画的权利进行限制。但是，《监狱法》这一书籍是对监狱法及其相关法律法规进行解说的专业性学术图书，这是显而易见的事实，并不是像被告所说的那样图书里包含立法论、政策论的部分内容以及与警备方法相关的内容，被服刑人员阅读之后会对行刑目的产生妨害。从原告的角度来说，购买《监狱法》这一图书进行研读是为了其正在进行的诉讼或者为准备提起的诉讼做准备……被告主张原告具有逃跑的前科，担心其通过诉讼逃跑，从原告出庭的情况来看会有多名看守与其一起出庭，其行为对拘禁以及监狱内的纪律秩序维持都很难产生明确现实的盖然性危险。因此，原告具有阅读《监狱法》的自由，被告禁止原告购买《监狱法》的行为侵犯了原告的基本人权"。[1]在此，相当盖然性是一个可能性很高的概念，但是并不一定会产生明确、现实的危险，与平峰判决相比，对服刑人员权利限制的标准变得较为宽松，相应地，行刑主体自由裁量的范围变大。再如，广岛高等裁判所 1967 年 10 月 31 日的判决中（上一案件的上诉审），"对服刑人员的书刊图画阅读权利的限制要参照行刑目的……当其所产生的危险对监狱的纪律维持没有达

---

〔1〕 広島地方裁判所/昭和 42・3・15『訟務月報』13 巻 4 号（1967 年）482 頁。

到明确、现实的紧迫性时，原则上根据监狱长的专门、技术性判断，亦可对其进行限制。"[1]由此可见，与前述判决相比，该判决中对服刑人员权利的限制标准变得更低。

四、评价

虽然实务中彻底否定了特别权力关系论，但是在司法救济中所确立的服刑人员权利限制标准并不统一、明确，从日本《监狱法》时代的判决书可以看出有的裁判所采用明确现实危险标准，有的裁判所采用明确现实危险的盖然性标准，有的裁判所采用危险标准，有的裁判所采用相当盖然性标准，标准的不统一根本不能弥补立法上的不足。

否定特别权力关系论之后的主要任务是如何弥补立法上的不足，加强对服刑人员的权利保护。但是，日本在《监狱法》修改上却迟迟未对此作出回应。因而，在日本的行刑实务中一直未能彻底摆脱特别权力关系论的影响，[2]

第五节 司法救济的滞后——名古屋事件[3]

司法救济虽然可以弥补行刑机关及其工作人员行政裁量的专断性带来的负面影响。但是，其却具有滞后性，对服刑人员受到的权利侵害只能进行事后的救济与弥补，尤其是在监狱行刑这种具有实时性、专业性的活动中，在服刑人员权利受到侵犯的当时，司法救济往往显得无能为力。其中，比较具有代表性的是在 2001 年至 2002 年间发生在名古屋刑务所的刑务所工作人员暴力凌虐服刑人员致伤、致死的系列惨案。在名古屋刑务所发生的刑务所工作人员暴力凌虐服刑人员致伤、致死案件并不是一个刑务所工作人员针对一

---

〔1〕 広島高等裁判所/昭和 42・10・31『判例時報』508 号（1967 年）38 頁、最高裁判所/平成 25・12・10『ジュリスト』1468 号（2013 年）87 頁。

〔2〕 本庄武「受刑者の法的地位と自由刑の改革」本庄武＝武内謙治編著『刑罰制度改革の前に考えておくべきこと』（日本評論社，2017 年）95 頁。

〔3〕 名古屋地方裁判所/平成 16・3・31、平成 15 年（わ）第 589 号特別公務員暴行陵虐致傷、特別公務員暴行陵虐致死幇助被告事件、名古屋地方裁判所/平成 17・11・4 特別公務員暴行陵虐致傷、特別公務員暴行陵虐致死幇助被告事件。

个服刑人员的行为，而是数个刑务所工作人员针对数个服刑人员实施的多次暴力凌虐案件。一般来说提到日本的名古屋案件，人们往往用两个案件对其进行概括——手锁案件和放水案件，不仅仅是因为这两个案件构成了名古屋案件的主要内容，更是因为这两个案件司法救济之路的漫长，以及救济的滞后和服刑人员所受伤害的无法弥补性。名古屋案件不仅暴露了司法在行政权滥用面前的无力，也成为日本废除《监狱法》的导火索，因此，本节将对其展开介绍。

一、案件事实

放水案件：2001 年 12 月名古屋刑务所内，一名戴着手锁的男性服刑人员突然死亡。经查发现，在其死亡的前一天，名古屋刑务所的刑务官命令其全裸，用水势激烈的消防用水管放水冲其下半身。导致其死亡的直接原因是放水导致的直肠破裂。

手锁案件：2002 年 5 月和 9 月，名古屋刑务所的刑务官因使用手锁的皮革安全带勒服刑人员的腹部，导致服刑人员一死一伤。这两个案件中的八名刑务官因为暴力行为凌虐服刑人员致伤、致死，于 2002 年 11 月至 2003 年 2 月间被起诉。

二、裁判所判决结果

在地方裁判所做出的判决中，八名刑务官之中有两名服从了判决，即刑务所的看守佐藤孝雄被判无罪，副看守长冈本弘昌被判处惩役两年缓刑三年。除此之外的六名原刑务官提起了上诉，一直到 2012 年案件才彻底判结。一系列的案件判决如下所示。

（一）2004 年 3 月 31 日名古屋地方裁判所判决

对于八人之中的原副看守长冈本弘昌，名古屋地方裁判所做出了如下判决："使用没有必要使用的手锁惩戒服刑人员以打压其反抗的态度，具有违法性。"对于放水案件认定了放水导致的直肠破裂是死亡的原因，放水行为不是正当的职务行为，是违法的。进而判处其两年惩役，缓刑三年。

（二）2005 年 11 月 4 日名古屋地方裁判所判决、2008 年 10 月 21 日名古屋高等裁判所判决

对于主张自己无罪的原副看守长乙丸干夫和原看守部长高见昌洋，名古屋地方裁判所认为"其行为危险且恶劣，损害了服刑人员对于矫正行政的信赖"，分别判处惩役三年缓刑四年、惩役一年两个月缓刑三年。两人对此不服，提起了上诉，在 2008 年 10 月 20 日的上诉审中，维持了一审的有罪判决的同时，将刑罚变更为更重的刑罚，两人分别被判处惩役三年缓刑五年、惩役一年六个月缓刑三年。对此，两被告人在同一年 10 月 22 日向最高裁判所提起了上诉。2011 年 6 月 28 日日本最高裁判所驳回了两人的上诉，维持了名古屋高等裁判所的判决。

（三）2007 年 3 月 30 日名古屋地方裁判所判决[1]

名古屋地方裁判所认为服刑人员死伤的原因是刑务官使用手锁的安全带勒其腹部，但在刑事执行中手锁使用的目的是维持刑事设施内的纪律秩序，除此之外不得给服刑人员带来额外的痛苦，因此认定原副看守长前田明彦、原看守小泽宏树、原看守池田一、原看守长渡边贵志构成犯罪，分别判处惩役三年缓刑五年、惩役两年缓刑三年、惩役一年缓刑三年、惩役两年缓刑三年。对此，四人提起了上诉，2010 年 2 月 26 日名古屋高等裁判所驳回了四人的上诉。之后，四人继续向日本最高裁判所提起上诉，最高裁判所于 2012 年 5 月 21 日驳回了四人的上诉，维持了名古屋地方裁判所的有罪判决。

（四）评价

在上述八人中，除了在案件中没有发挥实质作用的新入职者佐藤孝雄之外，其余七人均被判决有罪。裁判所认为这些被判决有罪的原刑务官带着惩戒的意图，实施了超出必要限度的违法行为，肯定了他们使用暴力将服刑人员凌虐致伤、致死的事实。这些行为毫无争议属于《日本国宪法》第 36 条中

---

〔1〕　本判决日本判例集没有刊载，本书所述内容参考依据冈上雅美「名古屋刑務所事件その後——革手錠事件に関する名古屋地判 2007 年 3 月 30 日を契機として」『法学セミナー』52 巻 7 号 8-10 頁。

所规定的"残酷的刑罚",同时毫无疑问也是一起震惊日本国内外的刑事惨案。该案件也导致了日本在此后废除了皮革手锁的使用,开始采用标准手锁和安全手锁,这些手锁不再具有可以系、勒服刑人员腹部的构造。

第六节 本章小结

一般来说,就各国的狱政治理经验来看,在某个特殊时期或者非常时期可能会让某种管理方式、救济方式发挥更大的作用。但无论如何,司法救济都应当是服刑人员实现权利救济的最重要的方式,其他的救济方式只能属于一种补充或者备份机制。[1]通过平峰判决、淀号判决可以看出日本司法实务中修正、否定特别权力关系论的历程。

虽然实务中彻底否定了特别权力关系论,但是在司法救济中所确立的服刑人员权利限制标准并不统一、明确,既不能为行刑一线的刑务官提供有效的指导亦不能弥补立法上的不足,广岛判决、名古屋案件就是很好的例证。否定特别权力关系论之后的主要任务是如何弥补立法上的不足,加强对服刑人员的权利保护。但是,日本在《监狱法》修改上却迟迟未对此作出反应。因而,在日本的行刑实务中一直未能彻底摆脱特别权力关系的影响,直至2001年至2002年名古屋监狱刑务官暴力凌虐服刑人员致伤、致死的惨案发生,以此为契机,日本才开始制定、实施《刑事收容设施法》,并废除了旧的《监狱法》。

---

〔1〕 参见张榕:《信访救济与司法救济之张力及其克服》,载《甘肃政法大学学报》2021年第6期。

《刑事收容设施法》中服刑人员
权利义务的变化

　　《刑事收容设施法》在立法目的上明确了关于人权保障的内容，"本法以推动刑事收容设施（刑事设施、留置设施、海上保安留置设施）的正当管理、尊重被收容者、被留置者以及海上保安被留置者的人权，并且对其进行合理的处遇为目的。"要求国家在推进刑事设施正当管理，运营的同时，必须尊重被收容者的人权，并且根据其状况实施相应的处遇，以促进被收容者改过自新，使之顺利复归社会。与旧《监狱法》将监狱的安保、纪律、秩序维持作为重点内容的做法相比，《刑事收容设施法》将尊重人权的内容予以明示，将旧《监狱法》没有明确规定的服刑人员的权利义务以及行刑主体的权限进行了明确化，从促进服刑人员的改过自新以及顺利复归社会的理念出发对其处遇相关的权利进行保障，具体而言，主要体现在以下几方面：第一，明确服刑人员的权利义务、行刑主体的权限。第二，充实处遇措施。第三，完善申诉制度。第四，促进行刑活动的透明化。

第一节　服刑人员权利义务的明确

　　日本旧有的《监狱法》中虽然针对服刑人员的权利及其限制进行了规定，但是对服刑人员进行权利限制的程度、限制的方法是由行刑机关裁量决定的。与旧有的《监狱法》不同，《刑事收容设施法》对服刑人员的权利、义务进行了更加详细、具体的明确规定，对行刑机关的权限进行了具体的限制，将原来行刑机关宽泛的裁量权限窄。在旧有的《监狱法》下受特别权力关系论的支配，甚至在没有法律根据的情形下，服刑人员的权利、自由也有可能受到行刑主体的限制。《刑事收容设施法》的成立改变了这一可能，围绕保障服刑人员享有哪些权利，以及以什么样的根据和基准对其权利进行限制，服刑人员和行刑主体之间的权利义务关系得以明确。具体表现为以下几点。

一、宗教信仰的明确保护

日本人认为宗教信仰自由应该包括三个方面的内容：第一，内心的信仰自由；第二，宗教行为的自由；第三，宗教结社的自由。其中也包括消极的自由权利，即不信教的自由。[1]日本学者小河滋次郎认为，教诲教育、监狱纪律秩序、刑务作业是行刑感化的三大要素，其中宗教教诲不可或缺。[2]但是，在旧《监狱法》之中并没有规定与服刑人员宗教信仰相关的内容，因此，在《日本国宪法》颁布之前，根据服刑人员的宗教信仰对服刑人员进行宗教教诲的任务是由刑务官决定和承担的。《日本国宪法》颁布之后，根据其第20条第3款禁止国家实施宗教活动这一关于宗教信仰自由的规定，[3]刑务官对服刑人员进行宗教教诲的活动被禁止了，但是对于服刑人员的宗教信仰自由并没有被排除掉。如何对于具有宗教信仰以及没有宗教信仰的服刑人员进行教诲一直是行刑中的课题。

《刑事收容设施法》对服刑人员的宗教行为、宗教上的仪式、宗教教诲进行了明确规定。《刑事收容设施法》第67条明确规定，"不得禁止或者限制被收容者单独进行礼拜或者宗教行为。但是，可能妨害刑事设施内的纪律、秩序维持以及其他运营管理的，不在此限。"该条规定包括以下三点内容：第一，行刑机关要保障服刑人员的信仰自由。第二，根据宗教仪式和戒律的要求如果礼拜、祈祷时只能是一个人进行，行刑机关要保障一个人进行宗教活动的自由，这个过程中不能有其他服刑人员、刑务官的参与。第三，当服刑

---

[1]　菊田幸一『受刑者の法的権利』（三省堂，2016年）123頁。
[2]　小河滋次郎『監獄法講義』（法律研究社，1967年）273頁。
[3]　日本是政教分离的国家，因此，法律在赋予刑事设施长官义务的同时，也规定服刑人员参与的宗教活动，必须是由民间宗教活动者举行的。

人员的礼拜或者其他宗教活动对刑事设施内的纪律秩序维持产生不利影响时，行刑方可以禁止其宗教行为。《刑事收容设施法》第 68 条明确规定，"刑事设施长官应当努力为被收容者创造参加宗教家（仅限于民间志愿者。以下本款同。）举行的宗教仪式或者接受宗教家教诲的机会。可能妨害刑事设施内的纪律、秩序维持以及其他运营管理的，刑事设施长官可以拒绝被收容者参加前款规定的宗教仪式，或者不准其接受该款规定的教诲。"该条规定的目的在于为服刑人员等被收容者的宗教信仰自由提供实质保障。具体体现在以下两点：第一，要求刑事设施长官保障服刑人员等被收容者的宗教行为自由以及参加宗教活动的权利。刑事设施长官要为服刑者等被收容人员创造参加由宗教家、民间宗教人士举行的宗教仪式以及接受宗教教诲的机会。第二，宗教活动进行的方式与措施。日本是政教分离的国家，根据《日本国宪法》第 20 条第 3 款的规定，国家不得进行宗教活动，作为国家权力代表的行政长官以及行刑机关及其职员不得主导宗教仪式、宗教教诲。所以服刑人员的宗教仪式、宗教教诲只能由宗教家、民间宗教人士主导、实施。

二、图文书报阅读范围的放宽

根据《日本国宪法》第 19 条（思想及良心的自由）、第 21 条（表达的自由）、第 23 条（学问的自由）的规定，获取知识的权利、知情权是国民的基本权利，在此权利范围内，服刑人员也当然应该受到保护。[1]旧有的《监狱法》第 31 条第 1 款规定，"应当允许在监者阅读图文书报"，但该条第 2 款却规定，"关于图文书报阅读的限制以行政命令的方式进行规定"。《监狱法实施规则》第 86 条规定，"在不违背拘禁目的，且对刑务所的纪律秩序不会产生妨害的情形下，允许服刑人员阅读图文书报"。并且，根据 1966 年 12 月 13 日颁布的法务大臣训令——《收容者阅读图文书报处理规程》的规定，只有当服刑人员阅读的图文书报不具有使之毁灭证据的危险、不具有妨害拘禁的危险，并且对其教化、矫正处遇是适当的才允许阅读。可以看出服刑人员阅读图文书报的范围十分有限，而且实质上日本《监狱法》下，服刑人员阅读

---

〔1〕 菊田幸一『受刑者の法的権利』（三省堂，2016 年）91 頁。

图文书报等需要向刑务所的长官提出申请，要经过刑务官的许可之后才能够阅读。可以看出，日本《监狱法》时代服刑人员获取知识的权利范围、知情的权利范围是非常窄的。

为了充分保障服刑人员的知情权以及获取知识的权利，《刑事收容设施法》明确了对服刑人员自费阅读书籍、读报和接触时事报道的权利。关于自费阅读书籍，《刑事收容设施法》第 69 条规定："除本节及本章第 12 节的规定外，不得禁止或者限制被收容者自费阅读书籍。"与原来的《监狱法》相比，该规定将服刑人员的阅读范围拓宽了。为了进一步明确服刑人员自费阅读的范围，《刑事收容设施法》第 70 条明确了自费阅读的限制内容，具体如下："具有下列情形之一时，刑事设施长官可以禁止被收容者自费阅览书籍。一、可能产生危害刑事设施纪律、秩序的后果的。二、被收容者是服刑人员的，可能妨害其矫正处遇正常实施的。三、被收容者是未决拘禁者的，可能发生毁灭罪证后果的。根据前款规定为了确认有无禁止阅览事由需要对自费阅读书籍进行翻译的，根据法务省令规定，翻译费用由被收容者承担。被翻译者不承担该费用的，禁止阅读该书籍。"同时，为了维持刑事设施的管理运营，该法第 71 条也明确规定了服刑人员阅读报纸的限制性内容："根据法务省令的规定，对被收容者获取报纸的范围和方法，刑事设施长官可以进行管理运营上的必要限制。"为了保障服刑人员及时接收时事报道的机会，《刑事收容设施法》第 72 条对刑事设施的长官进行了义务性要求，"刑事设施长官应当通过配备日刊报纸、播放新闻以及其他方法，尽力为被收容者创造收看、收听时事新闻的机会。作为本法第 39 条第 2 款规定的援助措施，刑事设施长官应当在刑事设施内配备书籍。该书籍阅读方法，由刑事设施长官决定。"服刑人员被关在监狱之中，很容易与社会脱节，保障其及时接收时事新闻报道的机会，不仅有利于保障其知情权、获取知识权，更有利于其及时了解社会状况以及服刑结束后顺利复归社会。可以看出，日本《刑事收容设施法》不仅对被收容人员的阅读权、知情权等进行了明确的保障，而且扩大了被收容人员阅读、知情的范围。

三、物品、给养范围的明确与放宽

物品与给养涉及对服刑人员生存权的保障，日本旧有的《监狱法》规定服刑人员的生活由国家负担，确立了服刑人员的用品、给养由国家承担的"官给原则"。但是，"官给原则"也有其负面作用，即在保障服刑人员基本生活的同时，也剥夺了其自费购买物品、食品的自由，使得服刑人员能使用的物品，食用的食品的范围很有限。例如，由于日本《监狱法》中对服刑人员物品、给养的范围规定得很模糊，在日本《监狱法》时代，除服刑人员基本的生活食品之外，糖果、咖啡、茶、点心、烟这样的食品、饮品、嗜好品往往是被禁止享用的。

日本《刑事收容设施法》第40条对国家承担的服刑人员物品、给养的范围进行了明确规定："刑事设施长官应当向被收容人员借予或者配给下列刑事设施日常生活所必需的物品（书籍除外，下节同。第42条第1款各项所规定的物品除外。）一、衣物以及床上用品。二、食品以及茶饮。三、日用品、学习用品以及刑事设施内的其他日常生活用品。除前款规定外，根据法务省令规定，在必要时，刑事设施长官应当向被收容者借予室内装饰品以及其他刑事设施日常生活用品（第42条第1款各项规定的物品除外），或者向其配给嗜好品（酒除外）"。根据该规定，服刑人员基本生活用品、食品的范围不仅得到了明确，也使得糖果、咖啡、茶、点心、烟这样的食品、饮品、嗜好品的配给成为可能。除此之外，《刑事收容设施法》还对服刑人员自费物品的使用进行了明确规定。该法第41条第1款规定："当服刑人员申请自费购买使用、食用下列物品或者食品、饮品（下一条第1款各项规定的物品除外，下款同）的，从其处遇考虑适当的情形下，根据法务省令的规定，刑事设施长官应当准许。一、衣物。二、食品和饮品。三、室内装饰品。四、嗜好品。五、日用品、文具以及刑事设施内的其他日常生活用品。"根据《刑事收容设施法实施规则》规定这些物品包括但不限于毛巾、拖鞋、坐垫、衣架、洗发水、洗面用品、染发用品、化妆品、文具、玩具、包、口罩等。同时，该法第42条第1款还规定了服刑人员自费使用的辅助用品："在不妨害刑事设施的纪律、秩序以及其他运营管理的危险和本章第12节规定的情形下，刑事设施长官应当准许被收容者自费购买使用下列物品。一、眼镜以及其他辅助物品。二、进行个人合同作业的必要物品。三、发送书信的信封以及其他物品。四、第106条第1款所规定的外出或者外宿时使用的衣物或者其他物品。五、法务省令规定的其他物品。"同时，该条第2款规定："被收容者无力购买使用前款所规定的物品时，在必要时，刑事设施长官向其借予或者配给。"作为补充条款，规定了行刑方要保障服刑人员即使在不具备经济能力的情形下，也能够使用必要的辅助器具。

服刑人员的待遇再好，但是从社会公平上来看其还是应该受制于"劣等原则"的影响。[1]即作为服刑人员接受刑罚的后果，其在刑事设施内的一般状况必须劣于或者低于一般自由社会的无罪公民中的最低阶层的一般状况。或者说，服刑人员的待遇水平不能比非犯罪者的待遇好，否则，不仅不公平还会引发犯罪。[2]这样的思想，在《刑事收容设施法》中也得以体现，根据该法第43条规定："根据第40条或者上一条第2款的规定借予或者配给的物品必须是合适的，应当能够维持被收容者的健康并且考虑到国民生活状况，同时与被收容者的地位相适应"，该规定对服刑人员等被收容者的待遇水平进行了较《监狱法》时代相对合理的规定。

四、保健、卫生及医疗资源的保障

在日本《监狱法》时代，由于《监狱法》内容的局限，日本服刑人员的保健、卫生及医疗方面存在很多问题。首先，在保健方面，由于《监狱法》对服刑人员的理发、剃须、洗澡、运动的规定不明确或者不充分，导致服刑人员相关的权利得不到充分的保障。例如，日本《监狱法》第38条规定，"为了保障在监者的健康，需要保证必要的运动。"《监狱法实施规则》第106条第1款规定："要保证在监者每天30分钟以内的运动时间，但是，如果有刑务作业或者其他事由，刑事设施长官认为不需要运动的，不在此限。"该规定也导致实务中因放假、休息、节日、洗澡等原因服刑人员的运动被取消的情

---

[1] See Gordon Hawkins, "Prison Labor and Prison Industries", *Crime and Justice*, Vol. 5, 1983, p. 99.

[2] 参见王云海：《监狱行刑的法理》，中国人民大学出版社2010年版，第20页。

况。[1]又如，由于日本《监狱法》中没有对洗澡进行规定，所以在《监狱法》时代，有关服刑人员洗澡的一切事项都是由刑事设施的长官决定，这期间甚至出现以毛巾擦拭身体取代洗澡的做法。[2]再如，根据日本《监狱法》第36条规定，即使违背服刑人员的意思，也得对服刑人员进行理发、剃须。问题是对理什么样发型、剃什么样的须型并没有具体规定，这既导致过行刑实务中的操作困难，也引起过不少服刑人员的行刑诉讼。[3]另外，日本刑事设施一直存在医疗资源不足的问题，尤其是在日本《监狱法》时代，由于立法的不足，刑事设施内的医生大多数是外科医生或者内科医生，眼科、耳鼻喉科这样专业性强的医生严重缺乏，很多刑事设施内只有一名医生，甚至有的没有医生。由于医生匮乏，无法保障服刑人员定期接受体检，导致服刑人员感染传染病的情况也不鲜见。[4]

对于日本《监狱法》时代的问题，《刑事收容设施法》予以了回应。首先该法第56条明确规定，"为了保障被收容者的身心健康，以及维持被收容者的健康和刑事设施内的卫生，应当参照社会一般的保健卫生及医疗标准，为被收容者提供适当的保健卫生和医疗措施。"该条除了规定在医疗卫生方面要积极保障服刑人员的权利之外，还明确了刑事设施内的卫生保健、医疗费用由国家承担，提示了在服刑人员等被收容者相关权利保障上的国家义务。该法第57条规定，"为了服刑人员的身体健康，除星期天、法务省令规定的其他日期外，刑事设施长官应当尽力为其创造合适的户外运动机会。但是，因审判出庭以及其他事情不能进行户外运动的，不在此限"，要求行刑方必须保障服刑人员参加户外运动的权利。与此相应，《刑事收容设施法实施规则》第24条还规定了要保障服刑人员每天30分钟以上的运动时间以及参加作为矫正处遇的户外竞技运动的日期。《刑事收容设施法》第58条至第60条，明确规定了服刑人员清洁、洗澡、理发的相关内容，该法实施规则要求刑事设施要

---

[1]　東京地方裁判所/昭和39・2・27『訴務月報』10巻3号（1964年）505頁、東京地方裁判所/昭和48・1・31『訴務月報』19巻3号（1973年）53頁。

[2]　監獄法改悪とたたかう獄中者の会編著『全国監獄実態』（緑風出版，1996年）33頁。

[3]　東京地方裁判所/昭和38・7・29行政判例集14巻7号（1963年）1316頁。

[4]　東京高等裁判所/昭和30・4・19行政判例集6巻4号（1955年）754頁、神戸地方裁判所/昭和48・9・4行政判例集24巻8-9号（1973年）877頁。

保障服刑人员每周两次以上的洗澡机会，并且自费理发的服刑人员可以在平头、中分发、五分发之中选择发型。另外，《刑事收容设施法》第 61 条规定，"根据法务省令规定，从被收容者被收容时、以及之后每年，刑事设施长官都应当对其进行 1 次以上的定期体检。必要时，刑事设施内卫生保健亦同"，明确了刑事设施长官要保障被收容人员每年接受一次体检，并且被收容人员必须接受体检。根据《刑事收容设施法实施规则》的规定，体检内容包括既往史、生活史、家族病史的调查，自觉症状和他觉症状的检查，身高体重的测量，视力听力的检查，血压的测量，尿糖、尿蛋白的检查，胸透、血清 GOT、GPT、GPT、HDL 的检查，血糖检查，心电图检查。《刑事收容设施法》第 62 条规定了安全关怀的内容，"当被收容者具有下列情形之一时，刑事设施长官应当及时组织刑事设施内的专职医生（指医生或者牙科医生，下同）进行诊疗（包括营养补给措施，下同）以及采取其他医疗上的必要措施。但是，在第 1 项规定的情形中，在被收容者没有生命危险或者不具有将疾病传染给他人的危险时，不得违背其意愿。"根据该条规定，当服刑人员受伤、生病或者疑似受伤、生病，具有生命危险或者传染他人的可能时，以及当服刑人员拒绝进食，具有生命危险时，刑事设施的长官可以自行裁量决定对其采取安全关怀式的医疗措施。另外，服刑人员生病时，可以申请自费指定特定的医生看诊。可以看出，《刑事收容设施法》在积极保护服刑人员作为国民所享有的与保健、医疗、卫生相关的基本权利，不仅通过立法对其权利进行明确，也通过界定行刑方的义务对其权利进行保障。

五、外部交流、通信权的保障

对于被限制人身自由的服刑人员而言，与外部人员见面、通信是其基本的权利。通过与外部联系，服刑人员不仅可以与外面的人联络情感还可以及时了解外部信息，降低其与社会脱节的程度，有利于其假释或者服刑结束后顺利复归社会。如果这种权利不能得到充分保障，将会限制甚至切断其获取信息的来源。可是，日本《监狱法》时代对服刑人员这方面的权利保障却明显不足。日本《监狱法》第 45 条第 1 款虽然规定了"有人申请与在监者会见应当允许"，但是该条第 2 款同时规定了，"包括在监者的亲属在内，是否允许会见均由刑务所所长进行裁量决定。"如此抽象的规定，使得《监狱法》时代服刑人员的会见权大打折扣，一般会见权、秘密交流权不能得到充分保障。[1]关于服刑人员的会见权，日本《监狱法》第46条第2款进行了规定，根据该规定服刑人员原则上只能会见父母、子女、配偶，与父母、子女、配偶之外的人会见原则上会被禁止。《监狱法实施规则》对于通信的频率进行了规定，被判处禁锢的人每15天可以与外界通信一次，被判处惩役的人原则上每一个月可以与外界通信一次。[2]

与日本《监狱法》相比，《刑事收容设施法》下，服刑人员的外部交流、通信权得到了进一步的保障、权利范围也相对扩大。其主要表现为：

第一，服刑人员会见对象的范围的扩大，根据《刑事收容设施法》第111条第1款规定，"刑事设施长官收到来自下列人员提出的会见服刑人员的申请时，除依据本法第148条第3款规定的禁止会见情形外，应当给予准许。在此情形下，适用前提的但书规定。一、服刑人员的亲属。二、因婚姻关系的调整、诉讼的进行、工作的维持以及其他死刑确定人员身份上、法律上或者业务上有关的重大利害关系相关的业务处理，而必须会见的人员。三、与服刑人员的更生保护有关的人员、欲在服刑人员被释放后对其进行雇用的人员以及其他被认为允许会见有利于服刑人员改过自新的人员。"与《监狱法》中服刑人员的会见对象仅限于其父母、子女、配偶不同，《刑事收容设施法》中，三代以内的直系血亲、姻亲、因婚姻关系调整以及其他利害关系相关人和对服刑人员的改过自新、复归社会具有积极意义的人在不影响服刑人员交友关系、改过自新和刑事设施纪律秩序的情形下，都称为被允许会见的对象。

第二，服刑人员书信往来对象的范围的扩大。日本《监狱法》原则上只

---

〔1〕 大阪地方裁判所/平成16・3・9『判例時報』1858号（2000年）79頁、東京地方裁判所/昭和61・9・25『行政判例集』37巻9号（1986年）1122頁。

〔2〕 日本的自由刑从明治时代开始就有了二分，根据日本现行刑法第9条规定分为惩役和禁锢。所谓惩役是指将服刑人员拘禁于监狱，强制服刑人员参加劳动。禁锢则是指将服刑人员拘禁于监狱内，剥夺其自由，强制劳动不是禁锢刑的必然内容，禁锢刑的服刑人员可以自愿参加劳动也可以不参加劳动。惩役与禁锢虽然刑期都是一样的，但是二者适用的对象却不一样，禁锢适用于国事犯罪、过失犯罪，惩役适用于国事、过失犯罪之外的其他犯罪。

允许服刑人员与其亲属之间进行书信往来，而《刑事收容设施法》除不允许服刑人员与有犯罪倾向的人、可能危害刑事设施纪律、秩序或者对实行矫正处遇不利的人进行书信往来之外，其他的书信往来基本上都被允许。

第三，服刑人员与外界进行语音、视频通话成为可能。日本《监狱法》下，服刑人员是不能使用电话、视频通信的，根据《刑事收容设施法》第146条的规定，"当服刑人员（具有未决拘禁者地位的除外，以下本款同）满足本法第88条第2款规定的接收开放设施内处遇或者其他法务省令规定的事由时，为了有利于其改过自新或者顺利复归社会以及其他具有相当性的理由时，刑事设施长官可以准许其使用电话以及行政命令规定的其他方法进行电讯通信。"

第二节　行刑方权限的明确

在行刑关系中，服刑人员处于行刑方的管理下，如果行刑方的权限不明确、自由裁量权过大不仅会导致权力的滥用、滋生腐败，更会影响到服刑人员的权利实现、甚至影响到服刑人员的健康、安全和生命，名古屋案件就是例证。

除了与上述提到的服刑人员的权利内容相关的限制之外，在涉及刑事设施的纪律秩序维持和对服刑人员的行政处罚方面，对行刑方权限的明确性要求更高。一旦权限不明确，就难免会出现行刑实务中刑务官恣意地对服刑人员的权利进行剥夺或者限制的情况，如此不仅导致服刑人员对刑事设施管理运营的不满，也容易引起双方法律上的纠纷，造成司法资源的挤兑和浪费。日本《监狱法》时代行刑诉讼多发就是这样的原因。基于以往的经验和教训《刑事收容设施法》第73条对刑事设施内的纪律秩序维持做了总则性的规定："必须维持刑事设施内的纪律、秩序正常。为达到前款目的，所采取的措施不能影响正常的收容、处遇环境和破坏被收容者安全、平稳的生活。"在此基础上，对行刑方的权限做了进一步的明确和限制。具体体现为下述几方面。

一、遵守事项、身体检查的规制

明确了遵守事项的范围。日本《监狱法》时代，服刑人员的遵守事项并不明确，通常情形下是由行刑官进行自由裁量，难免会导致权力的滥用和引发行刑纠纷。为了解决这一问题，《刑事收容设施法》明确了遵守事项的范围。为了维持刑事设施内的纪律、秩序，规定了服刑人员在此方面应当承担的义务，要求其必须遵守一定范围内的相关事项，《刑事收容设施法》第74条第1款、第2款对服刑人员等被收容者的遵守事项进行了明确规定，"刑事设施长官规定被收容者应当遵守的事项（以下简称"遵守事项"）。应根据各被收容者的情况，针对以下各事项作具体规定。一、不得实施犯罪行为。二、不得对他人采取粗鲁或粗暴的言语或行为，或者实施妨碍他人的行为。三、不得实施自残的行为。四、不得实施妨碍刑事设施职员执行任务的行为。五、不得实施可能妨碍自己或他人收容状态的行为。六、不得实施可能危害收容设施安全的行为。七、不得实施破坏收容设施内环境或扰乱风纪的行为。八、不得实施非法使用、持有、任意授受财物等其他行为。九、除上述各项规定外，其他维护刑事设施纪律、秩序所必须的事项。十、不得策划、实施违反以上各项规定的遵守事项或者第96条第4款（包含在第106条第2款适用的情形。）规定的特别遵守事项，或者煽动、教唆、帮助他人实施该行为的行为。"除此之外，该条第3款还规定，"为维持刑事设施内的纪律、秩序，必要时，刑事设施长官及其指定的职员可以对收容者提出生活及行为方面的要求。"可以看出，《刑事收容设施法》对遵守事项的范围进行了明确，并且不是任何刑务官都可以根据该法第74条的规定对服刑人员提出必须服从的遵守事项，而必须是刑事设施的长官以及其指定的刑事设施内的工作人员。

明确了身体检查的内容与范围。为了防止危害刑事设施纪律、秩序的事情发生，防止服刑人员携带违禁品，保障刑事设施内的安全，对服刑人员的身体、居室以及所持有的物品进行检查或者临时保管是必要的。日本曾经的《监狱法》对此虽然进行了规定，但是关于检查的界限并没有进行明确规定，对于与服刑人员会见者的身体、物品检查的内容亦没有规定。《刑事收容设法》第 75 条对身体检查的相关内容进行了明确规定。该条第 1 款对身体检查的范围进行了明确，"为维持刑事设施的纪律、秩序，必要时，刑事设施长官可对被收容者的人身，衣物，所持物品及卧室进行检查，可以取走其所持物品由刑事设施暂时代为保管。"该条第 3 款对与服刑人员会见的人员进行的身体检查做了规定，"为维持刑事设施内的纪律、秩序，必要时，刑事设施长官可对刑事设施内的被收容者以外的人（辩护人等除外）的衣物、携带物品进行检查，同时可取走其携带物品由刑事设施暂时代为保管。"同时，该条第 4 款规定，"上述的各项检查不涉及图文书报"。

二、隔离、制止措施和戒具的使用限制

明确了隔离、保护收容的条件、限制以及及时停止的要求。原则上，在服刑期间，服刑人员是应该过集体生活的，这是因为在集体生活中，服刑人员可以与其他服刑人员一起交谈、运动、进行娱乐活动等，具有防止其产生孤独感、疏离感、闭塞感的意义。但是当服刑人员因为性格、性癖或者暴力以及煽动、助长其他服刑人员违背刑事设施的纪律秩序等行为，和其他服刑人员一起过集体生活有妨害刑事设施纪律秩序的危险时，出于保护其他服刑人员或者其本人以及维持刑事设施内的纪律秩序的目的，也有需要通过进行独居拘禁对其进行隔离或者保护的情形。日本《监狱法》中对于隔离、保护措施的适用规定比较简略，"除非认定在监者的身心状况不适合的，可以对其进行独居拘禁。"日本《监狱法》之下，最初实施的是严格的独居拘禁措施或者叫作昼夜独居拘禁措施。即服刑人员被单独拘禁，不得与其他服刑人员一起说话、运动、洗澡，也不得一起就医、接受教诲，更不能会见狱外人员。后来随着独居拘禁措施的缓和，这一情况有所转变，但独居拘禁的程度、时间仍是属于刑事设施的长官自由裁量的事项。《刑事收容设施法》改变了此种情况，明确规定了隔离与保护收容的条件、限度以及及时停止的措施，与曾经的《监狱法》相比进步明显。《刑事收容设施法》第 76 条第 1 款规定了隔离保护收容的条件，"服刑人员具有下列情形之一的，刑事设施长官可以将其与其他被收容者隔离。在此情形下，运动、入浴、会见以及法务省令规定的其他情形除外，其他处遇昼夜均在室内进行。一、与其他被收容者接触可能

会危害刑事设施内的纪律、秩序的。二、可能会伤害其他被收容者，采取其他方法不能避免的。"该条第 2 款明确规定了隔离的期限为三个月，如果有特别理由需要继续隔离的，刑事设施的长官可以一个月进行一次隔离必要性审核、更新一次隔离记录。该条第 3 款还规定，当没有必要继续隔离时必须立刻停止。另外，为了保障被隔离人员的健康，该条第 4 款还规定对于被隔离中的人员，刑事设施的长官必须每三个月就该人员的健康状态听取刑事设施内医生的意见。

对违法、违纪行为的制止措施的要件、内容、强度进行了明确规定。对于正在实施或者正欲实施危害刑事设施纪律、秩序的服刑人员，在必要的情况下刑务官需要借用一定的强力对其进行制止。日本《监狱法》中并没有对此进行规定，在监狱法时代也有对服刑人员使用戒具（例如服刑人员自伤、伤害他人、殴打刑务官的情形）来进行制止的，因为使用戒具容易导致行刑方对行政裁量权的滥用，这种做法遭到了诟病。[1]《刑事收容设施法》第 77 条对此进行了明确规定。该条第 1 款规定，"当被收容者自伤、伤害他人、逃跑、妨害刑事设施职员执行公务、严重危害刑事设施内的纪律、秩序，或者企图做上述事项时，为制止其行为，刑事设施长官可以拘束被收容者或者采取其他制止其行为的措施。"明确规定了制止措施的要件和内容，并且，明确了刑务官所采取的措施必须符合比例原则、满足必要且最小限度的要求，对于保障服刑人员的权利具有重要意义。

明确了戒具使用的条件和限制。关于戒具的使用，日本以往的《监狱法》第 19 条只进行了简略的规定，"为防止在监者的逃走、暴力行为、自杀，或者在监外活动时可以对其使用戒具"，具体使用什么样的戒具并没有明确规定，后来《监狱法实施规则》规定了戒具的类型有镇静衣、防声具、手锁、捕绳，但是在使用条件和限度上的规定依旧十分模糊，导致行刑官的自由裁量权过大，不利于服刑人员的权利保护。《刑事收容设施法》第 78 条对此进行了明确。明确了捕绳、手锁、拘束衣的使用条件和限制。该法第 1 款规定了捕绳和手锁的使用条件，"刑务官在护送被收容者时，或者被收容者可能实

---

〔1〕 林真琴＝北村篤＝名取俊也『逐条解説刑事収容施設法』（有斐閣，2017 年）338 頁。

施下列行为之一时，依据法务省令规定，可使用法绳或手铐。一、逃跑。二、实施自残行为或者伤害他人的行为。三、破坏刑事设施的设备、器具或其他物品。"该条第 2 款规定了拘束衣的使用条件，"在被收容者可能自残，且其他方法无法阻止该行为时，根据刑事设施长官的命令，刑务官可以使用拘束衣。但是，不能同时使用法绳、手铐。"该条第 3 款规定了紧急情形下使用拘束衣的限制，"在刑事设施长官的命令下达之前，紧急情况的，刑务官可直接使用拘束衣，但应当及时将有关情况报告刑事设施长官。"该条第 4 款规定了对服刑人员使用拘束衣的时间限制，"拘束衣的使用期限为 3 小时。但是，若有必要继续使用拘束衣的，可在不连续超过 12 个小时的前提下，由刑事设施长官每 3 小时审核一次是否有必要继续使用。"同时，该条第 5 款、第 6 款明确规定了停止使用拘束衣的情形和对被收容人员健康状态的关注要求，"在前款规定的期间内，没有必要继续使用拘束衣的，刑事设施长官应当立即停止使用""对被收容者使用拘束衣或者更新使用期间时，刑事设施长官应及时就被收容者的健康状况听从刑事设施内职员医师的意见"《刑事收容设施法》之下，还对捕绳、手锁、拘束衣的制式做了统一规定，这对于促进日本监狱行刑的法治化、统一化具有重要意义。

三、惩罚的程序完善

为了维持刑事设施的纪律秩序，在一定条件下对违反者实施适当的惩罚是必要的。虽然惩罚对恢复、维持刑事设施内的纪律秩序具有积极意义，但是从其性质上来说会对服刑人员的权利自由带来不利的影响。日本旧有的《监狱法》之下对此规定的却十分抽象、简略，"对违反纪律的在监者处以惩罚"，除此之外，具体的要件、程序均没有规定。因此，也导致了在日本《监狱法》时代，处于刑务官支配管理下的服刑人员的权利自由不明确。《刑事收容设施法》改变了这样的情形，明确了惩罚的要件、种类、程序。

《刑事收容设施法》第 150 条明确规定了惩罚的要件，根据该条规定当服刑人员在外部从事通勤作业时没有按照指定的路线方法通勤，没有在规定的时间回到刑事设施，无正当理由不去通勤场所工作以及不遵守第 74 条所规定的遵守事项时，刑事设施长官可以对其处以惩罚。但是刑事设施长官对服刑人员处以惩罚时必须考虑其年龄、身心状态以及被惩罚行为的性质、程度、动机、事后态度和对刑事设施运营的影响，必须将惩罚控制在合理且必要的限度内。该法第 151 条明确规定了惩罚的种类，根据该条规定针对服刑人员的惩罚种类有告诫、停止外部通勤作业 10 天，停止使用、食用自费物品、食品 15 天，停止阅读部分书籍或者全部书籍 30 天，削减三分之一以内的奖金，30 日以内的禁闭（20 岁以上者，情节特别严重的，60 日以内）。该法第 152 条对于禁闭做了进一步的明确规定，"在闭居罚执行过程中，停止以下行为，依据法务省令规定在居室内反省。一、使用或摄取本法第 41 条规定的私人物品（刑事设施长官指定的除外）。二、参加宗教仪式，或者同其他被收容人员共同接受宗教教诲。三、阅览书籍。四、个人合同作业。五、会见（与辩护人等以及被认定为对被告人或嫌疑人权利保护或诉讼准备及其他对权利的保护有必要的人会见的除外）。六、发收书信（与辩护人等之间以及被认定为对被告人或嫌疑人权保护或诉讼准备及其他权利的保护有必要的人进行书信往来的除外）。"同时根据该法规定，服刑人员在禁闭期间在对其健康不产生负面影响的情形下，运动、矫正处遇也均受到限制。《刑事收容设施法》第 155 条明确规定了惩罚的程序，"根据法务省令规定，刑事设施长官打算对被收容者科处刑罚时，应当指定 3 名以上的职员听取被收容者的辩解。在此情形下，应当事先将辩解的日期、具体时间、期限以及惩罚（包含第 153 条规定的处分。下一款、下一条同。）的原因等事实概要通知被收容者，同时应当指定刑事设施职员辅助被收容者辩解。前一项前段中被指定的职员，应当就科处惩罚是否合适以及应当科处惩罚的内容进行商议，并将就该事项发表的意见以及被收容者辩解的内容做成报告书提交给刑事设施长官。"可以看出，虽然是行政意义上的惩罚，而非司法意义上的刑罚，但是还是保障程序的正当性，给服刑人员辩解的机会。

第三节　矫正处遇的充实

日本曾经的《监狱法》中对矫正处遇的规定十分有限，明确规定的矫正处遇只有强制性的刑务作业。因此，在服刑人员的矫正处遇中，强制性的刑务作业被寄予了很大的期待。这种期待不仅包括再犯的预防也包括再犯预防之外的社会文化目的。日本是一个以秩序为重的社会，其中维持秩序的一个重要支撑就是服从精神。那么在行刑中也就有了这样的社会文化目的——通过强制劳动让服刑人员养成适应日本社会的服从精神，使之成为一个合格的社会人。但是，事实是仅仅通过强制性的刑务作业对服刑人员进行矫正处遇还是不够的，要让服刑人员顺利回归社会，需要依靠能够有效地促进其改善的矫正处遇措施。《刑事收容设施法》以促进服刑人员的改过自新以及顺利复归社会为目的，为唤起服刑人员改过自新的欲望，培养其适应社会生活的能力，进一步充实了服刑人员的处遇权利。具体内容包括以下三个方面。

一、自主性的促进和限制的缓和

对服刑人员实施矫正处遇是为了在尊重其个人意愿的基础上，促进其改过自新以及顺利回归社会。与《监狱法》下具有强制性的矫正处遇相比，《刑事收容设施法》之下更强调尊重服刑人员的自主性与自愿性。首先，该法第30条对处遇做了总则性的规定，"根据受刑者的个人资质以及成长环境，以促进其自觉性、提升其改过自新的欲望以及培养其适应社会生活的能力为目标，开展处遇。"与此相应，《刑事收容设施法》第84条第4款规定，"必要时，处遇要领的制定应当考虑被收容者的意愿。处遇要领变更时，亦同。"根据《刑事收容设施法》第84条第2款、第3款规定，"矫正处遇必须基于处遇要领（矫正处遇实施要领是指根据不同服刑人员制定的矫正处遇目标及其基本内容、方法。以下本条同）进行。处遇要领以法务省令的规定为依据，由刑事设施长官依据对服刑人员的个人资质、成长环境的调查结果制定。"可以看出，矫正处遇要领的制定相较于日本《监狱法》时代，更加尊重矫正对象的个体特殊性。实务中行刑机关一般要根据服刑人员对过去犯罪的反社会性认识、自律心、责任观念、协调心、学历以及释放后的生活规划等为其创造适合的处遇环境。

另外，对于处遇环境，《刑事收容设施法》改变了以往完全封闭的处遇环境模式，规定了"封闭—缓和封闭—开放"的处遇环境模式。即服刑人员的处遇环境从一开始完全封闭的环境，逐渐地转向缓和封闭环境再到出狱前的开放环境。这对于服刑人员被释放后顺利复归社会具有积极意义。

二、累进处遇制度的废除

日本旧有的《监狱法》根据服刑人员的努力程度对其采取逐渐缓和的处遇措施，虽然从促进服刑人员改过自新上来说有一定的意义，但是其内容与方法是统一的，不利于有针对性的矫正处遇的开展。例如，累进处遇措施对刑期不满六个月的人、65 岁以上的人、孕妇以及具有身心疾病不具有就业能力的人就不适用。又如，累进处遇分为四个等级，原则上对服刑人员进行矫正处遇时，要从第四级开始一级一级往前推进。这些做法均不属于根据服刑人员的特性、环境等开展有针对性的矫正措施，不利于实现对服刑人员有效的矫正。

《刑事收容设施法》废除了累进处遇制度，确立了处遇个别化和集团处遇的内容。或许第一眼看到这句话读者会产生这样的想法："处遇个别化与集团处遇难道不是自相矛盾吗？"实则并非如此，为了唤起服刑人员改过自新的意愿以及培养其适应社会生活的能力，在集体生活中对其进行矫正处遇是必要的。同时，所谓处遇的个别化，并不是意味着对服刑人员进行单独的矫正、教育，而是根据服刑人员的人格特性和环境条件为其创造最适合其改过自新和复归社会的矫正处遇。《刑事收容设施法》中规定了集团处遇以为服刑人员提供集体生活的环境，同时还规定了优遇措施、刑事设施外通勤制度，以为服刑人员创造有利于复归社会的环境。

三、矫正处遇的增加与充实

矫正处遇的种类由《监狱法》规定的一种增加到三种。《刑事收容设施法》明确规定了矫正处遇的种类除刑务作业之外，还有改善指导、教科指导。并且明确规定，无正当理由，服刑人员不得懈怠刑务作业、拒绝改善指导、教科指导，将这些处遇作为服刑人员的必须遵守事项，作为义务附加给服刑人员。在《监狱法》之下，对服刑人员而言，只有刑务作业是具有义务性的规定，除此之外生活指导、教科教育等其他处遇都是非义务性规定。《监狱法》下，由于过度从事刑务作业，导致服刑人员接受生活指导、教科指导的时间被挤占，《刑事收容设施法》扩大了矫正处遇的义务范围，有利于克服这一不足。

在《刑事收容设施法》中，刑务作业的时间被缩短，为其他处遇的实施创造了更多可能。一直以来，日本刑法中将刑务作业规定为刑罚内容，例如被判处惩役的服刑人员必须从事刑务作业，但是，从服刑人员的改过自新来看，刑务作业又具有处遇的性质，这就导致了这一制度本身的自相矛盾。另外，在被处惩役的服刑人员中，肯定也有不适合刑务作业的人，也有需要进行教育强化的人，日本在行刑改革过程中对此不断进行反思改进。《刑事收容设施法》中明确规定，刑事设施长官必须根据法务省的规定，决定服刑人员每天劳动的时长，以及不进行劳动的日期。

改善指导是为了让服刑人员更好地改过自新、顺利复归社会而设立的处遇措施。其目的在于让服刑人员认识到自己的罪责、培养其健全的人格以及适应融入社会所必需具备的知识和生活态度。值得一提的是，在《刑事收容设施法》的规定中，改善指导不仅仅包括针对所有服刑人员的一般指导，也包括针对具有药物依赖、暴力团、少年犯罪等服刑人员的特别指导，体现了矫正处遇的个别性与针对性。

教科指导针对的是因学力欠缺，对改过自新以及复归社会产生障碍的服刑人员。《刑事收容设施法》规定教科指导的内容以《学校教育法》规定的内容为准，但不限于义务教育，行刑机构可以高等教育的学科或教科设置为基准，为相关的服刑人员提供教科指导。

由此可见，日本《刑事收容设施法》中的矫正处遇措施是根据服刑人员的特殊性以及客观需求性而决定的，其更加注重矫正处遇的有效性和科学性。

第四节　本章小结

通过《刑事收容设施法》的内容可以看出其吸取了《监狱法》中由立法的不足所导致的行刑实务中自由裁量权滥用、侵犯服刑人员权利的教训，进一步明确了服刑人员的权利、义务范围、限制了行刑方的自由裁量权限，废除了累进处遇制度，丰富完善了矫正处遇的内容。随着《刑事收容设施法》的施行，以服刑人员的法律地位为中心的监狱行刑法律关系较以前得到了进一步的完善，尤其是法治主义原则在立法中得到重视。例如，在服刑人员权利义务的明确方面，尽量地去尊重、保障服刑人员未被剥夺或者限制的权利的实现，尽量地保障服刑人员宗教信仰的自由、尽量地放宽其图文书报的阅读范围，以及在制定矫正处遇计划时尊重服刑人员的自主性以及个体特殊性，其内核的出发点正是法治主义中的保留原则。又如，在遵守事项、身体检查、戒具使用等方面对服刑人员的权利进行剥夺或者限制时，实质性条件和程序性内容的明确，均体现了比例原则的要求。

但是，在以日本服刑人员的法律地位为中心的监狱行刑法律关系这一议题中依然存在着剩余问题。具体包括以下三个方面。首先，服刑人员的法律地位的确立与保障并没有彻底化。主要表现为服刑人员的权利救济并没有完全司法化，根据《刑事收容设施法》的规定，当服刑人员对刑事设施长官对其作出的处分有异议时，其可以提出三种类型的异议申请，第一，当服刑人员对刑事设施长官所做的处分决定有异议时，可以对矫正管区长官提出审查的申请。第二，当服刑人员的身体被违法使用有形力时，可以对矫正管区长官提出事实申告。第三，当服刑人员对上述第一和第二中矫正管区长官所作的裁决或者下达的通知有异议时，可以向法务大臣提出异议申请。但是，在寻求司法救济之前，上述行政性的异议申请是必经程序，并且，服刑人员必须穷尽异议申请救济之后，才能够提起行刑诉讼。其次，从日本理论研究的最高到达点——正当程序关系论来看，刑务作业作为矫正处遇是权利性内容，但是，根据《日本刑法典》《刑事收容设施法》的规定，刑务作业仍是强制性内容。虽然《日本刑法典》规定了被判处禁锢刑的服刑人员不被强制参加刑务作业，但是如果被判处禁锢刑的服刑人员申请参加刑务作业，根据《刑事收容设施法》的规定，刑务作业就会成为其义务。根据《刑事收容设施法》的规定，刑事设施长官在制定矫正处遇计划时，必要情况下要尊重服刑人员的自主性，然而，这种对自主性的尊重只是一种例外，只有在必要时才会被考虑进去。最后，根据正当程序关系论，社会复归处遇是属于服刑人员的权利，但是改善处遇、教科指导仍然被规定为服刑人员的义务，处于被强制状态。另外，与国际标准相比，日本服刑人员从事刑务作业的时间依旧很长，导致其接受改善处遇、教科指导的时间被缩短。如果日本要进一步改善监狱行刑法律关系，保障服刑人员的法律地位，这些都是必须进行完善的内容。

《刑事收容设施法》下的司法救济变化

　　在《刑事收容设施法》颁布实施之后，围绕被收容者权利义务和法律地位的相关争议问题，日本的裁判所在裁判案件时亦采取了与《监狱法》时代不同的态度。本章将从《刑事收容设施法》实施后裁判所的判决中探究司法实务中服刑人员权利保护的最新情况。需要说明的是，在这些案例中虽然有一些是发生在拘留所的与被拘留人员相关的案例，但对服刑人员的权利保护同样具有指导意义，也能反映出服刑人员的权利变化，本章进行一并介绍。

第一节　行刑中的指定监控限制 [1]

　　《监狱法》之下，为了使被收容人员安静或者对其进行保护，使用的是独居保护房，在独居保护房中可以使用戒具。由于《监狱法》时代没有规定独居保护房的使用条件、限制以及设置的构造标准等，导致《监狱法》下的独居保护房比一般的居室狭窄、闭塞，往往也不具备洗澡、会见、集会、运动、刑务作业的条件，给使用独居保护房的被收容人员带来很强的拘束感和压迫感，不利于其身心的安稳。为了降低这种拘束感和压迫感，《刑事收容设施法》将独居保护房改为保护室，针对被收容人员自伤以及破坏、可能破坏刑事设施纪律、秩序的行为，规定了保护室的使用条件及限制。与此相应，日本《刑事

---

　　〔1〕　熊本地方裁判所判决/平成30·5·23『判例时报』2395号（2019年）83页以下参照。

收容设施法实施规则》明确规定了保护室的构造以及设备标准，"一、构造、设备不易造成被收容者身体受伤；二、构造、设备不易破坏、毁损；三、构造、设备能够有效防止噪音；构造、设备能够使工作人员无障碍观察室内；五、构造、设备能够正常换气、采光、照明、保温、防湿、排水。"

那么，在被收容者具有自杀、自伤以及其他破坏刑事设施纪律、秩序的情形时，为了便于无障碍观察其在室内的动向，可否利用科技进步带来的便捷，将被收容人员关进监控室或者在保护室内安装摄像头。熊本地方裁判所在 2015 年的判决中，肯定了监控室作为保护室使用的空间，但同时也从其容易给被收容者带来的"拘束感和压迫感"对其使用进行了限制。以下进行说明。

一、事实关系

事件发生时，原告 A 是熊本刑务所的一名服刑人员。2012 年 1 月 29 日，因存在疑似违规行为的迹象，被正在巡逻的刑务所职员 B 予以告诫，但其出言不逊，使用粗暴的语言予以还击。同时踹了同居室友的房门，之后被赶到现场的刑务所职员关进了保护室。同年 1 月 31 日，熊本刑务所再次将 A 送入保护室，同年 2 月 2 日，熊本刑务所将 A 放出保护室，改用一般居室。

之后，A 又因其他违规行为被处以从 2013 年 3 月 13 日起算 25 日期间的禁闭惩罚。同年 3 月 14 日，在熊本刑务所监控室，A 在接受矫正待遇主任 C 的教导后，对着 C 的右脸颊打了一拳，之后被收容到保护室。同日，矫正处遇部部长 D 对收容 A 的保护室进行巡视检查、透过检查窗玻璃查看 A 的动向时，被 A 发现，A 狠狠地瞪了他一眼。面对 A 的这种态度，D 隔着检查窗对 A 说："人渣，去死吧！"

此外，2013 年 3 月 15 日，熊本刑务所不再将上述 A 安置在保护室，而是将其安置在有监控的房间，直至同年 10 月 17 日。A 声称因此遭受了精神损害，要求被告根据《日本国家赔偿法》第 1 条第 1 款[1]的规定给予赔偿。[2]

---

[1] 国家或者公共团体行使公权力的公务员，在其履行职务时因故意或者过失而给他人造成不法损害的，由国家或者公共团体承担赔偿责任。

[2] 熊本地方裁判所判决／平成 30·5·23『判例时报』2395 号（2019 年）83 页。

二、争议焦点

本案的主要争议焦点包括两点：第一，将原告收容在保护室这一行为是否违反国家赔偿法；第二，将原告收容在监控室这一行为是否违反国家赔偿法。[1]

三、判决主旨

针对争议焦点一，熊本地方裁判所作出了符合保护室收容的构成要件、不存在违反义务的行为的判决；针对争议焦点二，作出了存在国家赔偿法意义上的违法行为的判决，同意了 A 的部分请求。判决的要点如下：

关于争议焦点一，将原告收容在保护室这一行为是否违反国家赔偿法，熊本地方裁判所认为，"将原告拘留在保护室中的主旨在于，当服刑人员处于极度兴奋或精神不稳定状态时，将他们安置在一般的起居室不再合适，而且'当特别有必要维持刑事设施的纪律和秩序时'是指服刑人员的精神状态极不稳定和不受人为控制的情形，从原告对刑务官的挑衅行为可以认定其处于极度不稳定的状态，因此属于特别需要维持刑事设施的纪律和秩序的情形。"

因此，不能认定将原告安置在保护室的行为违反了刑事设施长官履行其职责时的法定义务。对于原告，除了认定其行为属于"当原告不服从刑务官约束，大声喊叫或发出声音时"的事实外。上述事实还表明，当刑事设施长官等人走到原告房间门口时，原告虽然没有大声喊叫，但仍然存在大声喊叫或制造噪音的危险。此外，当天也到了晚饭后收碗的时间，在刑务官人数有限的情况下，作为处于现场指挥地位的刑事设施长官如果为去执行熊本刑务所长官的命令而离开现场的话，原告有可能会喊得更大声，制造更大的噪音，从而导致熊本刑务所的秩序难以维持。因此可以说，有必要紧急决定是否将原告收容至保护室"。因此，熊本地方裁判所认为，将原告收容在保护室这一行为并不违反刑事设施长官履行其职责时的法定义务。[2]

---

[1] 熊本地方裁判所判决/平成 30·5·23 『判例时报』2395 号（2019 年）85 页。
[2] 熊本地方裁判所判决/平成 30·5·23 『判例时报』2395 号（2019 年）86 页。

关于争议焦点二，熊本地方裁判所指出，"《刑事收容设施法实施规则》规定，为维护刑事设施的纪律和秩序，必要时可以检查服刑人员的身体、衣物、个人物品和房间；《刑事收容设施法实施规则》对保护室的构造以及设备的标准作了概括性规定，如不易损坏、污损，或不妨碍对房间的检查等，虽然对保护室的禁闭要求和禁闭期限作了严格规定，但考虑到有些服刑人员即使不符合保护室的禁闭要求，也可能需要特别注意对其进行观察等因素，将在房间内安装何种结构和设备这一问题交由作为行刑专家的刑事设施长官酌情决定也是合理的。鉴于法律没有规定限制使用摄像头的监控房间，为补充工作人员的巡逻而在房间内安装监控摄像头也是允许的"。然而，关于禁闭的时间，根据《刑事收容设施法》第79条第3款规定："保护室的收容期间是72小时。但是，若有必要继续收容的，刑事设施长官应当每48小时审核一次是否有必要继续使用。"鉴于保护室的监禁时间以72小时为限，既然保护室监禁的必要性已不复存在，就不应允许继续任意将被收容人员监禁于该保护室。因此，如果刑事设施长官在没有充分审查其必要性的情况下，就将在天花板上安装有监视摄像头可一天24小时进行实时监控的监控室指定为服刑人员的保护室，或者尽管禁闭的必要性已不复存在时，仍无故随意继续将服刑人员收容在监控室的情况下，应当认定为刑事设施长官没有尽到其在履行职责过程中应当尽到的注意义务，进而认定其违反了《日本国家赔偿法》的规定是合理的。既然没有证据表明原告的行为或举止有碍于刑事设施的正常管理和运营，例如不服从工作人员的管理。鉴于不存在自杀或逃跑的风险而仅仅以暴力行为为由将其指定为需要观察的对象是不合理的……对原告行踪进行严密监视的必要性已经大大降低，经过数日的观察，也无需再对原告行踪进行严密监视。当取消将原告指定为需要严密观察的对象并停止将其收容在监控室时，即便考虑到需通过治疗审查委员会的决议这一因素，熊本刑务所所长最迟在同月17日之后继续将原告收容在监控室这一事实，仍属于其未尽到其在履行职责过程中应尽的注意义务，应认定为违反《日本国家赔偿法》的规定"[1]。

---

〔1〕 熊本地方裁判所判决／平成30・5・23『判例时报』2395号（2019年）88页。

四、评价

在《刑事收容设施法》颁布之前，《监狱法》没有任何条款确保"保护室"收容的适当性。相比之下，《刑事收容设施法》第 79 条明确规定了"保护室"的收容要件和程序等，并限制了执行方广泛的自由裁量权。

另外，对于保护室以外的房间，《刑事收容设施法》第 4 条第 3 款仅规定"刑事设施长官指定的主要供犯人休息和睡觉的房间"，应理解为由刑事设施长官合理裁量决定。[1]然而，从本案判决来看，房间的指定完全无法被解释为合理的自由裁量。在指定房间时，应将房间拘束感以及压迫感可能对服刑人员造成的影响作为重要的考量因素。如果过分强调指定房间的必要性，而不是服刑人员的拘束感和压迫感，随意指定一间监控室，则行为欠妥，构成自由裁量权的滥用。

本案判决认定，虽然监控室的维护与普通起居室相同，但由于天花板上有一个 24 小时工作的摄像头，会使服刑人员产生拘束感和压迫感，同时判决还表明对于指定其他设置有摄像头的刑事设施时，也应当从其是否满足保护室的收容要件角度谨慎判断其必要性。同时，判决书也表明了另一种倾向，即在指定其他装有摄像头的居室时，应当慎重参照保护室的收容要件。另外，作为本判决中的重要事项，A 企图自杀或者逃跑的可能性并不高，仅仅以其行为粗暴为由将其收容至指定的监控室的做法也受到了否定评价。当参照保护室的收容要件判断监控室收容的必要性时，应当对收容要件进行严格限制，与存在企图自杀或逃跑的高风险的情形相比，以被收容人员行为粗暴为理由通过摄像头进行严密监视的必要性相对较低。因此，裁判所的判决也可以理解为根据需要考虑的因素的权重做出的判断。[2]

本案判决的重要意义在于，有利于预防今后在刑事设施中指定房间时可能存在裁量权的滥用，肯定了监控室作为保护室的可能，同时从容易给被收容人员造成"拘束感""压迫感"出发，对将监控室作为保护室的条件进行

---

〔1〕　林真琴＝北村篤＝名取俊也『逐条解説刑事収容施設法』（有斐閣，2017 年）359 頁。

〔2〕　熊本地方裁判所判决/平成 30・5・23『判例時報』1455 号（2019 年）104 頁以下参照。

了严格的限制，通过判决可以看出，日本实务界在对《刑事收容设施法》进行解释和适用时，不仅关注保护室构造、设备给被收容者造成的物理层面的"拘束感""压迫感"，也关注到了其可能给被收容者带来的精神、心理层面的"拘束感""压迫感"。

第二节　保护室中会见权的保障[1]

会见权是服刑人员享有的重要权利，保障服刑人员与其亲属、朋友等的会见交流权利，有利于促进其改过自新、维持良好的社会关系以及顺利复归社会。服刑人员虽然被剥夺或者限制自由，但这种制裁的实现不能影响与其具有重要利害关系的事项，比如婚姻关系的调整、诉讼的进行、事业的维持等，为了处理与自身有重要利害关系的事项需要会见相关人员时应当予以准许。这是《刑事收容设施法》所规定的重要内容。另一方面，根据《刑事收容设施法》的规定，当服刑人员具有自杀、自伤或者破坏刑事设施内的纪律、秩序的行为或者可能时会被收容进保护室，当服刑人员不遵守《刑事收容设施法》规定的遵守事项或者特别遵守事项时，可能会被关禁闭。对于这些情形下服刑人员的会见权保障，《刑事收容设施法》并没有进行具体规定。2018年日本最高裁判所肯定了被收容在保护室或者被关禁闭的被拘禁人员的会见权，对于今后相关服刑人员会见权的保障具有重要意义。该案件详情如下所述。

一、事实关系

2008年6月，A被指控违反组织性犯罪和犯罪收益相关的法律规定，并作为被告被收容在福冈拘留所。律师B被选任作为本刑事案件被告人A的辩护律师。2009年7月23日，A因不服从福冈拘留所工作人员的制止命令并大声喊叫而被收容到了保护室。

2009年7月27日，B来到福冈拘留所，申请会见A（以下简称"本案申

---

[1] 本案虽为未决拘禁案件，但对服刑人员的权利保护具有启示意义。

请"）。7 月 23 日之后，A 因连续多日大声喊叫而被继续收容在上述保护室，7 月 27 日当天，在律师 B 作出本案申请的前后时间内，A 仍在继续大声喊叫。福冈拘留所工作人员在向 A 告知律师已提出本案申请这一事实的情况下，告知律师 B："A 仍被收容在保护室中，故无法会见"，未许可双方会见。A 主张根据《刑事收容设施法》第 79 条第 1 款第 2 项第 2 号的规定，拘留所工作人员以收容在收容室为由拒绝其和 B 的会见这一行为侵犯了其会见和通信的权利，以此为由要求被告按照《日本国家赔偿法》第 1 条第 1 款进行赔偿。[1]

二、争议焦点

本案主要的争议焦点是，福冈拘留所工作人员拒绝 A 和 B 会见的行为是否违反《日本国家赔偿法》的规定。[2]

三、判决要旨

福冈地方裁判所（一审）[3]认为福冈拘留所的工作人员拒绝被收容人员 A 与辩护律师 B 会见的行为是必要且适当的，不违反《日本国家赔偿法》的规定。关于争议焦点，福冈地方裁判所判决如下，"根据《刑事收容设施法》规定，关于未决拘禁人员与其律师之间的会见，如果未决拘禁人员或者申请会见的律师实施了有损于刑事设施纪律和秩序的行为，刑事设施的工作人员可以制止其行为或发言，或暂停会见，在这种情况下，因会见暂停，刑事设施长官可命令未决拘禁人员或与之进行会见的辩护律师离开会见地点或采取其他必要措施，如认为不宜继续会见，可终止会见。根据《刑事收容设施法》第 113 条、第 117 条规定行刑方可以有损于刑事设施的纪律、秩序为由而限制未决拘禁者与其辩护律师之间的会见。此外，如果其不服从刑务所官员的约束命令，大声喧哗或制造噪音，为了维持刑事设施的纪律、秩序或者特别有必要时，刑务官可以根据刑事设施长官的命令，将服刑人员收容至保护室

---

〔1〕　最高裁判所/平成 30・10・25『判例时报』2399 号（2019 年）13 页。
〔2〕　最高裁判所/平成 30・10・25『判例时报』2399 号（2019 年）13 页。
〔3〕　最高裁判所/平成 30・10・25『判例时报』2399 号（2019 年）14 页。

内（《刑事收容设施法》第 79 条第 1 款第 2 项第 1 号）。根据《刑事收容设施法》规定，对于被关禁闭（禁止与包括其他被收容者在内的其他人接触，原则上昼夜都在起居室内活动，为了促使被收容人员对自己的违规行为进行反省，并在今后谨慎行事的惩罚）的被收容者应当准许其与辩护人等会见，以及对其作为被告人或犯罪嫌疑人权利的保护或诉讼的准备以及其他权利的保护所必要的，也应当准许会见（《刑事收容设施法》第 152 条第 1 款第 15 项）。与此相对，对于被收容在保护室的被收容者，包括未决拘禁者，《刑事收容设施法》仅规定了在不需要收容在保护室时应立即中止收容（《刑事收容设施法》第 79 条第 4 款），没有就与辩护人等的会见进行特别规定"。"虽然《刑事收容设施法》规定，可以以行为损害了刑事设施的纪律、秩序为理由，限制未决拘禁者和辩护人的会见，被收容人员有一定的行为妨害或者可能妨害刑事设施的纪律、秩序的，为了维持刑事设施的纪律、秩序，必要时可以将被收容者收容在保护室，但是由于没有对包括未决拘禁者在内的被收容于保护室的被收容人员与辩护人等的会见进行特别规定。因此，为了维持刑事设施的纪律以及秩序，当被收容于保护室的被收容人员的辩护律师申请与其会见时，在继续将被收容人员收容于保护室必要且相当的情况下，刑事设施长官可以以立法没有规定被收容人员与律师会见为由中止保护室收容的情形为根据，以被收容者正在被收容于保护室为由，不准许双方会见。这样的做法原则上是必要且恰当的措施，不应被评价为违反国家赔偿法第 1 条第 1 款规定。"[1]

福冈高等裁判所认定拘留所工作人员拒绝 A 和 B 会见的行为属于其自由裁量的范围，是适当的。[2]福冈高等裁判所认为，"在作为保护室收容中被收容者的被告人的辩护人申请与被告人会见的情况下，以被告人正被收容在保护室中为理由不予许可，是为了维持刑事设施的纪律、秩序，不得已采取的措施，因为刑事收容设施法没有对关于保护室收容中的被收容者和辩护人的会见进行特别规定……原则上作为必要且适当的措施，不应被评价为违反国

---

〔1〕 最高裁判所/平成 30·10·25『判例时报』2399 号（2019 年）14 頁。
〔2〕 最高裁判所/平成 30·10·25『判例时报』2399 号（2019 年）14 頁。

家赔偿法第 1 条第 1 款规定……尽管可能有人认为福冈拘留所工作人员应当将作为辩护人的上诉人 B 来拘留所的事实告知上诉人 A，但既然保护室收容是从维持刑事设施的纪律以及秩序的立场出发设置的机构，在是否因与辩护人的会见而中止保护室收容并作出相应判断的前提下，是否将辩护人来拘留所的事实告知被收容人，就被收容人的处遇、刑事设施的纪律以及秩序维持而言应该将其交由具有专业知识和经验，同时负有相应责任的刑事设施工作人员来进行自由裁量、合理判断。根据上诉人 A 的情况，即使福冈拘留所工作人员没有将上诉人 B 来拘留所的事实告知上诉人 A，也不得以超出裁量范围为由，认定其行为违反了国家赔偿法第 1 条第 1 款的规定，否则是不正当的。"

最高裁判所否定了高等裁判所的判决。[1] 最高裁判所认为，"即使辩护人等提出了与被收容在保护室的未决拘留者会见的申请……刑事设施长官为了维持刑事设施内的纪律和秩序，可以采取不允许会见的措施……但是在作出不允许会见的决定时，应该根据与未决拘禁者有关的具体状况来判断。在进行该判断时，即使在未决拘禁者因不服从刑务官的制止而大声喧哗或发出噪音等而被收容在保护室的情况下，如果向其告知了辩护人申请会见的事实，其也可能会为了成功会见而停止大声喧哗或发出噪音等……""刑事设施长官依据《刑事收容设施法》第 79 条第 1 款第 2 项规定，在辩护人等申请与保护室收容中的未决拘禁者会见时，未向未决拘禁者告知辩护人的申请事实，以正收容在保护室中为理由不许可会见的决定侵犯了未决拘禁者以及辩护人的会见权，只要没有特别的事由能够证明因未决拘禁者精神上显著不安等原因，在即使告知其该事实其依然会大声喧哗或发出噪音等，就应当认定该行为侵害了未决拘禁者及其辩护人等的会见权，违反了《日本国家赔偿法》第 1 条第 1 款的规定。"[2]。

四、评价

《刑事收容设施法》没有对收容在保护室的服刑人员和辩护人等的会见进

〔1〕 最高裁判所/平成 30·10·25『判例时报』2399 号（2019 年）14 页。
〔2〕 最高裁判所/平成 30·10·25『判例时报』2399 号（2019 年）14 页。

行特别规定。保护室是一种专门建造和设置的独居房，用于收容具有自杀、自伤可能或者严重危害刑事设施纪律秩序的被收容人员，使其安静和对其进行保护，为维持刑事设施内的纪律、秩序等，必要时可以将服刑人员收容在保护室。[1]根据上述日本最高裁判所的判决，"在判断是否允许会见的时间点上，未决拘禁者属于第79条第1款第2项规定的情形"，应该根据该时点的具体情况进行判断。即使服刑人员因为大声喊叫等原因被收容在保护室的情况下，在有辩护人等提出会见申请时，服刑人员为了与辩护人等会见可能会停止大声喊叫，那就不再属于该款规定的情形，但拘留所的工作人员未向其告知有本案申请的事实，忽视了当时的具体情况，因此可以说是构成了裁量权的滥用。

本案判决结果对于限制行刑方的自由裁量权、保障被关禁闭或者被收容在保护室的服刑人员的会见权具有积极意义。

第三节　秘密会见权的保护[2]

《刑事收容设施法》没有直接规定服刑人员的秘密会见权。但是，当服刑人员与会见对象会见时，其交谈内容可能会涉及隐私事项或者不宜让刑事设施职员知道的利害关系事项。特别是当服刑人员就自己在刑事设施内所受的处遇提起诉讼并与代理律师会见商议时，必须考虑到其与刑事设施、刑事设施职员之间的利害关系，其谈话内容不应当被对方知晓。根据《刑事收容设施法》第112条的规定，"为维持刑事设施内的纪律或者秩序、服刑人员正当的矫正处遇以及出于其他理由，必要时，刑事设施长官可以指名职员列席服刑人员的会见，并对会见状况进行录音或者录像。"那么在服刑人员或者其会见对象提出秘密会见的申请时，应当从哪些层面进行考量是否准许秘密会见？2015年东京地方裁判所就死刑确定人员的秘密会见权作出的判决，具有一定的参考价值。

---

〔1〕　林真琴＝北村篤＝名取俊也『逐条解説刑事収容施設法』（有斐閣，2017年）359頁。

〔2〕　東京地方裁判所判決/平成29・4・13『判例時報』1459号（2019年）155頁以下参照。

一、事实关系

原告 A 是死刑确定者，从 2011 年 4 月 1 日开始被收容在名古屋拘留所，同年 9 月被移送到东京拘留所。在 2011 年至 2014 年 12 月 28 日（以下称"本案期间"）的期间内，A 提起了针对 A 的死刑判决的再审请求或异议申请，同时 A 对东京地方裁判所作出的不准许 A 阅读名古屋拘留所工作人员相关违反国家公务员法案件的刑事确定记录决定而提出了诉讼。

在本案期间内，东京拘留所所长针对作为死刑确定者被拘留在东京拘留所的 A 和 A 所委托的律师 B 以及 C 的 32 次会见（本案各会见），采取了必须由拘留所工作人员出席的方式。

原告方基于上述事实，根据《日本国家赔偿法》第 1 条第 1 款的规定，要求被告支付原告的损害赔偿金、律师费用以及相应的延迟损害金。[1]

二、争议焦点

本案的主要争议焦点是：第一，在原告与律师就再审请求等案件进行的商谈会见中，东京拘留所长官令东京拘留所工作人员在场的措施是否违法；第二，在原告与律师就国家赔偿诉讼的商谈会见中，东京拘留所长官令东京拘留所的工作人员在场的措施是否违法。[2]

三、判决主旨

关于争议焦点一，东京地方裁判所从死刑确定者的情绪稳定和秘密会见的申请的角度进行了判断。关于死刑确定者情绪的稳定，东京地方裁判所做出了以下判决。"不准许秘密会见的措施从把握死刑确定者情绪稳定的必要性的立场来说是应当被允许的。应当'根据死刑确定者对会见的意向'，在认定上述必要性高的情况下，即死刑确定人员对会见是否具有否定的意向、是否寻求秘密会见等作为最重要的考虑因素进行判断。在认定死刑确定者不进行

---

〔1〕 東京地方裁判所判决/平成 29・4・13『判例時報』1459 号（2019 年）155 頁。

〔2〕 東京地方裁判所判决/平成 29・4・13『判例時報』1459 号（2019 年）156 頁。

秘密会见的必要性高的情况下，方可让拘留所的工作人员出席会见。在缺乏这样的考虑时，不应当否定死刑确定者的秘密会见权，派拘留所的工作人员列席会见……禁止秘密会见仅限于将'对会见是否具有否定的意向、是否寻求秘密会见'等死刑确定者本人的意向作为最重要的考虑因素进行判断后，发现拘留所工作人员列席会见的必要性高的情况。"在此值得说明的是，工作人员列席会见也仅仅是为了掌握死刑确定人员情绪是否安定的情况。关于秘密会见的申请，东京地方裁判所认为，"关于死刑确定者的会见，《刑事收容设施法》第 121 条〔1〕只是规定了以刑事设施的工作人员在场为原则，但从维持刑事设施的纪律及秩序和谋求死刑确定者及再审请求辩护人享有的秘密会见的利益平衡的观点出发，鉴于立法将是否允许秘密会见委托给刑事设施长官的自由裁量，即便死刑确定者或再审请求辩护人为进行再审申请相关的协商而提出了会见申请，此时刑事设施长官对于要求秘密会见的明确申请未予以许可，也不能说是违法"，不过，"即使认定了原告 A 具有秘密会见的意愿，也不能就说 A 对 B 提出的秘密会见的申请具有肯定或者否定的意向，要将死刑确定者是否要秘密会见作为裁量判断的最重要考量因素。而在本案中无法看出东京拘留所的工作人员将原告 A 是否要秘密会见的意向作为最重要的因素进行考虑。"因此，对于律师申请了秘密会见，"由于不存在特殊情况，东京拘留所所长要求拘留所工作人员在场的做法超出了自由裁量的范围，或者因其滥用裁量权侵害了原告秘密会见的权利，应被认定为违反了《日本国家赔偿法》第 1 条第 1 款的规定。"〔2〕

关于争议焦点二，东京地方裁判所认为"在死刑确定者为了就其提起的有关个人处遇的国家赔偿诉讼做准备而与代理律师会见的情况下，如果作为被其起诉的刑事设施工作人员也在现场，并了解到双方谈话内容的话，则将可能导致其无法为有关个人处遇的国家赔偿诉讼做充分的准备、甚至可能导致难以实现公正的诉讼。另外，由于会见对象是律师，与会见对象不是律师

---

〔1〕 刑事设施的负责人应让其指定的职员同席死刑确定者的会见，或者让其对会见的情况进行录音或录像。但是，为了保护死刑确定者的诉讼准备及其他正当利益，在有不让其在场或录音或录像的合理理由的情况下，如认为恰当则不受此限制。

〔2〕 東京地方裁判所判決／平成 39・4・13『判例時報』1459 号（2019 年）158 頁。

时的情形相比，在会见过程中有不当发言或做出不当行为的风险是非常低的。可以说死刑确定者应享有与代理人律师秘密会见的权利，死刑确定者或代理人律师为了商谈有关个人处遇的国家赔偿诉讼而申请秘密会见时，刑事设施长官不予许可的做法……是违法的"[1]。

四、评价

从上述内容可以看出，在不妨碍刑事设施内的纪律、秩序，不影响死刑确定者的情绪安定的情形下，东京地方裁判所的判决肯定了死刑确定者的秘密会见权。关于死刑确定者秘密会见权的限制，判决从是否有利于死刑确定者情绪稳定的角度进行了判断，其中最重要的考量因素是死刑确定者是否有秘密会见的意愿。这样的判断思路对于一般服刑人员的秘密会见亦具有参考意义，与死刑确定者的情绪安定相对应的是一般服刑人员的矫正处遇，当秘密会见有利于服刑人员的矫正处遇时，在不妨碍刑事设施内的纪律、秩序的情况下，应当准许。值得关注的是，判决关注到了死刑确定者就所受处遇提起国家赔偿诉讼的特殊性，就其利害关系以及与律师会见作出不适宜发言、不当行为的可能性而言，认定了其秘密会见的必要性更高，明确了在此情况下，刑事设施长官应当确保其秘密会见的权利。这对保护服刑人员、特别就个人在刑事设施所受处遇提起诉讼或者寻求救济的服刑人员的秘密会见权的保障具有积极意义。

第四节　通信权的保护[2]

在日本《监狱法》时代，因为受到拘禁的影响，服刑人员与外部交流的权利基本处于被禁止的状态。作为例外以及限制性的恩惠，与外部通信由刑事设施长官裁量决定是否准许，但通信范围仅限于服刑人员的亲属。服刑人员与亲属之外的人通信，要接受特别审查，在特别必要时才会准许。与此相

---

〔1〕　東京地方裁判所判決/平成29・4・13『判例時報』1459号（2019年）158頁。

〔2〕　千葉地方裁判所判決/平成27・4・21『判例時報』2283号（2016年）152頁以下。

对，《刑事收容设施法》扩大了服刑人员书信往来对象的范围，除具有犯罪倾向的人以及与其进行书信往来可能会对刑事设施内的纪律、秩序或者对服刑人员矫正处遇的正常实施造成妨碍的，书信往来的对象是不受限制的。可以说立法上做到了将服刑人员的通信权作为一项基本权利予以保障，司法实务中也体现了这样的思路。下述案例可对此予以说明。

一、事实关系

2013 年 11 月 18 日，收容在千叶刑务所的服刑人员即原告 A，申请向以废除死刑运动、与刑事设施内的被收容人员通信、向刑事设施内的被收容者寄送书籍、发行会报等为主要活动内容的被收容者支援团体 B 发送书信，B 团体的代表 C 虽然其已经于 2011 年 12 月 30 日出狱，但由于有过反复服刑的经历，被认为属于"有犯罪倾向的人"，A 因此受到了禁止信件收发的处分（以下称为"本案处分"）。

根据上述事实，原告 A 主张千叶刑务所所长作出的本案处分是违法的，要求取消本案处分的同时，要求被告根据《日本国家赔偿法》第 1 条第 1 款的规定，支付赔偿费 50 万日元。[1]

二、争议焦点

本案的主要争议焦点是，刑务所所长作出的禁止信件收发的处分是否符合《刑事收容设施法》第 128 条[2]规定的限制服刑人员信件收发的相关要件。[3]

三、判决主旨

关于本案处分是否有合理的根据，千叶地方裁判所做出了以下判决。"本

---

〔1〕 千葉地方裁判所判決/平成 27·4·21『判例時報』2283 号（2016 年）152 頁。
〔2〕 刑事设施的负责人对有犯罪倾向的人及其他服刑人员因收发信件而有可能损害刑事设施的纪律和秩序，或者有可能妨碍服刑人员的矫正待遇的适当实施的人员（服刑人员的亲属除外），可以禁止服刑人员与该人之间收发信件。但是，为了调整婚姻关系、执行诉讼、维持事业等与服刑人员的身份、法律上或业务上的重大利害相关的劳务处理而进行收发信件的，不受此限制。
〔3〕 千葉地方裁判所判決/平成 27·4·21『判例時報』2283 号（2016 年）154 頁。

案信件是对 B 团体的委托文件，但 C 作为 B 团体的中心人物。如果从被收容者发送给 B 团体的信件会由 C 接收的角度考量，则至少在进行《刑事收容设施法》第 128 条的适用时，应将本案信件解释为是发给 C 的。"[1]。因此，关于 C 是否有犯罪倾向，千叶地方裁判所做出了以下判决。千叶地方裁判所认为，"C 虽然有长期的服刑经历以及在服刑过程中被惩罚的经历。但是，C 以接触基督教为契机，开始关注被收容者出狱后的社会生活的支援活动，出狱后便设立 B 团体开始进行对被释放者的更生支援活动，并通过在基督教、教育、行政等各领域扩大 B 团体的活动范围。并且通过与服刑人员通信的方式将上述活动持续不断地扩展、推进，同时 C 从出狱后到本案处分为止的约两年期间内，没有任何犯罪行为。由此看来，在刑务所作出本案处分时，不能说有足够合理的理由认定 C 是有犯罪倾向的人……也不能认定 C 具有相当的盖然性会对原告的矫正处遇造成妨碍"。另外 "B 团体的书信是通过公共团体的事务局进行的，服刑人员也不知道对方的地址，因此千叶刑务所无法通过服刑人员掌握对方的地址。尽管如此，从保护志愿工作人员的隐私的宗旨来看，这样的通信方式并无不合理之处，同时考虑到千叶刑务所也可以根据需要向 B 团体进行确认相关内容，不能认定 B 团体的通信制度是与外部进行通信的适当方式相差甚远的违法手段"，因此千叶地方裁判所认为 "对于 B 团体，不能说有足够的合理根据认定其具有相当的盖然性会对原告的矫正处遇的实施造成妨碍"[2]。

最后，千叶地方裁判所认为："被告做出的本案处分，不符合《刑事收容设施法》第 128 条的要求，不具有合理性根据。因此，即使考虑到千叶刑务所所长拥有自由裁量权，本案处分也是违法的，应该取消。" "原告因违法处分不能按时邮寄本案信件，受到了精神上的痛苦，被告应支付赔偿金 5000 日元。"[3]

---

[1] 千葉地方裁判所判决/平成 27・4・21『判例時報』2283 号（2016 年）155 頁。

[2] 千葉地方裁判所判决/平成 27・4・21『判例時報』2283 号（2016 年）157 頁。

[3] 千葉地方裁判所判决/平成 27・4・21『判例時報』2283 号（2016 年）158 頁。

四、评价

通过本判决可以看出，司法实务中对《刑事收容设施法》第 128 条的内容作了限制性解释，具有犯罪倾向的人并不包括曾经具有犯罪倾向的人。从判决内容来看，《刑事收容设施法》第 128 条所规定的"服刑人员与具有犯罪倾向的人或者其他服刑人员书信往来，可能妨害刑事设施内的纪律秩序或者妨害服刑人员正当矫正处遇的"是指服刑人员与有犯罪倾向的人通过收发信件的方式进行交流本身会损害刑事设施的纪律秩序，或者具有相当的盖然性会对其矫正处遇的正当实施造成妨碍。[1]就本案而言，千叶地方裁判所从刑务所所长作出的处分是否具备合理性根据、是否有必要禁止服刑人员邮寄信件来进行判断。具体而言，从支援团体本身的目的、活动内容、代表人的情况、原告当时的处遇情况、信件内容等进行了综合考量后认定处分违法。可以看出日本司法实务在通信权的保障方面，以积极促进服刑人员的改过自新为目标，采取了有利于服刑人员的立场，比如大阪高等裁判所 2014 年的判决，从维持被收容者良好交友关系出发，表明了应当准许被收容者在申请邮寄给律师的信件中夹带给具有良好交友关系者的信件。[2]这样的做法，不仅对于保障服刑人员的基本通信权、促进其改过自新、顺利复归社会具有积极意义，对于日本刑事设施长官在行刑实务中就类似事件进行的自由裁量亦具有参考价值。

第五节 安全关怀的限制[3]

《刑事收容设施法》规定了刑事设施长官对服刑人员实施医疗、健康关怀、安全关怀等内容。该法第 56 条规定："为了保障被收容者的身心健康，以及维持被收容者的健康和刑事设施内的卫生，应当参照社会一般的保健卫生及医疗标准，为被收容者提供适当的保健卫生和医疗措施。"《刑事收容设

---

〔1〕 林真琴＝北村篤＝名取俊也『逐条解説刑事収容施設法』（有斐閣，2017 年）654 頁。

〔2〕 大阪高等裁判所／平成 26・1・23『判例時報』2239 号（2015 年）74 頁以下を参照している。

〔3〕 大阪高等裁判所／平成 27・4・21『判例時報』2239 号（2015 年）74 頁以下参照。

施法》第 62 条第 1 款规定 "当被收容者具有下列情形之一时，刑事设施长官应当及时组织刑事设施内的专职医生（指医生或者牙科医生。下同）进行诊疗（包括营养补给措施。下同）以及采取其他医疗上的必要措施。但是，在第 1 项规定的情形中，在被收容者没有生命危险或者不具有将疾病传染给他人的危险时，不得违背其意愿。一、受伤、生病或者疑似受伤、生病时。二、不摄取食物，可能危害生命"。那么根据《刑事收容设施法》第 56 条、第 62 条的规定，当服刑人员拒绝进食，刑事设施长官可否决定采取相关的医疗措施进行强制的生命安全关怀？2013 年大阪高等裁判所的判决确立了 "尊重被关怀的意愿为一般，强制安全关怀为例外" 的基准。该案详情如下。

一、事实关系

A 于 2006 年 10 月 23 日因损坏器物罪被逮捕，在检方提起公诉后被移送到神户拘留所。在被判决有罪之后，其提起了上诉，并于 2007 年 5 月 10 日被移送到大阪拘留所。

因为 A 在大阪拘留所期间连续 11 次拒绝进食，体重减少了 5 公斤，该拘留所的医生认为其具有生命危险，在未征得 A 同意的情况下，拘留所所长采取了从 A 的鼻腔插入导管注入营养剂的措施（以下称为 "本案措施"）。

A 主张，本案措施除了导致其受到流鼻血等伤害之外，还使其受到了巨大的精神痛苦，据此 A 以医生违反了善管注意义务（安全照顾义务）为由，要求被告支付 300 万日元作为损害赔偿。

在一审中大阪地方裁判所驳回了 A 的上述请求，A 不服提起上诉。[1]

二、争议焦点

本案的主要争议焦点是：第一，一般情况下国家对刑事收容设施内的被收容者，是否应承担相关的善管注意义务（安全关怀义务）。[2]第二，本案

---

〔1〕 大阪高等裁判所／平成 27・4・21『判例時報』2239 号（2015 年）74-75 頁。

〔2〕 大阪高等裁判所／平成 27・4・21『判例時報』2239 号（2015 年）76 頁。

措施是否违法以及被上诉人有无责任。[1]

三、判决主旨

关于争议焦点一，大阪高等裁判所肯定了国家对于刑事设施内的被收容人员应当承担安全关怀的义务。具体理由如下，"国家以宪法上对国民的人权保障为前提，同时根据刑法、刑事诉讼法等法律，在满足一定要件的情况下，具有强制将国民收容在封闭的刑事收容设施的权能。但是，这种权能也只能是在为达到目的的必要限度范围内才被认可，即便在刑事收容设施内，被收容者的人权也应当理所当然地被尊重。关于刑事设施内的医疗措施，国家有义务让被收容者与普通人一样接受同等水平的医疗……但是'安全关怀义务'一般是指作为基于某种法律关系处于特殊社会接触关系的当事人的一方或双方，向对方承担的该法律关系中的附随义务……根据《刑事收容设施法》的相关规定，被监禁在刑事收容设施中的被收容者与刑事设施外的一般国民不同，其不能按照自己的意愿自由地接受医生的诊疗。服刑人员要在刑事设施内接受诊疗，离不开刑事收容设施的工作人员的协助。根据《刑事收容设施法》第62条的规定，在被收容者不摄取饮食等情况下，刑事设施长官具有决定进行强制诊疗的权限。另一方面，刑事设施中的诊疗行为是为了确保被收容者的生命及身体的安全而发生的，不能将其与雇佣合同中雇佣者和劳动者之间的关系等同，而是需要积极肯定其存在的必要性……因此，应当将刑事设施长官对刑事设施内的被收容者的诊疗行为理解为国家的安全关怀义务。"[2]。

关于争议焦点二大阪高等裁判所认为拘留所对 A 采取从鼻腔插入导管注入营养剂的措施是违法的。具体理由如下，"医生在被收容者拒绝进食，对其实施营养补给措施时，首先应督促被收容者尽可能自发地摄取食物。在实施具体的营养补给措施时，应当尝试取得被收容者的同意，在未得到同意时应当通过进行各项检查充分掌握被收容者的健康状态，进而根据检查结果判断

---

[1] 大阪高等裁判所/平成 27・4・21『判例时报』2239 号（2015 年）77 頁。
[2] 大阪高等裁判所/平成 27・4・21『判例时报』2239 号（2015 年）78 頁。

被收容者是否存在《刑事收容设施法》第 62 条第 1 款第 2 项[1]规定的'危及生命的风险'，在实施强制性、危险性高的鼻腔插管营养补给措施之前，首先应当承担尝试实施输液和经肠营养剂的自主吞咽等强制性不高、危险性不大的救济措施的注意义务……该注意义务除了是被上诉人通过强力行使对被收容者进行人身拘束的一般义务之外，还是一种安全关怀义务……就本案而言，根据上述认定事实，虽然刑事设施的医生在采取本案措施之前，催促上诉人摄取饮食被拒绝了，但是其没有尝试采取输液或者经肠营养剂自主吞咽（经口摄取）等方式，仅以上诉人至本案措施发生为止连续 11 次未进食，在本案措施前的体重测定中比 4 天前入所时的体重减少 5kg 为判断依据，未经上诉人同意直接实施了本案措施，因此，能够认定违反了上述义务，本案措施的实施是违法的"。[2]

四、评价

通过本案判决可以看出，大阪高等裁判所对《刑事收容设施法》第 62 条第 1 款中的"……不摄取食物，可能危害生命"的内容进行了更加明确的解释。即所谓"不摄取食物，可能危害生命"是指服刑人员连续拒绝摄入营养导致营养状态恶化，可能危及生命的情形，而非偶尔或者仅仅几次拒绝饮食的情形。根据《刑事收容设施法》的规定，刑事设施的长官有对服刑人员进行诊疗的义务。在判决中，并没有否定刑事设施长官为了履行这种义务不能对服刑人员采取强制措施。但是采取这种措施时必须符合比例原则的要求。且在对服刑人员进行安全关怀时，应当采取"尊重被关怀的意愿为一般，强制安全关怀为例外"的基准。具体而言，首先，刑事设施长官不能随便决定实施强制安全关怀措施，只有当服刑人员拒绝饮食且具有危害生命安全的风

---

[1]　刑事设施的负责人在被收容者符合以下规定的任一情形下，应迅速地由作为刑事设施工作人员的医生（医生或牙科医生。以下同）进行诊疗（包括进行营养补给。以下同），以及其他必要的医疗措施。但是，在符合第 1 项规定的情况下，不存在危及该人的生命，或者致使他人感染该疾病的风险时，仅限于不违背该人意志的情况。一受伤、患病或有这些风险时。二在不摄取食物的情况下，有可能危及其生命时。

[2]　大阪高等裁判所/平成 27・4・21『判例时报』2239 号（2015 年）80-81 页。

险时，才可以将其作为诊疗措施实施。第二，在进行安全关怀时应尽可能地采取轻缓的、给服刑人员造成伤害最低的措施。第三，在进行安全关怀时应尽可能地尊重服刑人员的意愿，采取其愿意接受的方式。

在《刑事收容设施法》仅规定了刑事设施长官决定对服刑人员实施医疗，但医疗意义上的安全关怀义务尚未有足够明确的前提下。该判决提供了刑罚执行方在医疗上，特别是进行强制医疗时安全关怀的限制基准，对于今后日本实务中解决相关问题具有参考意义。

第六节　个人信息的保护[1]

《刑事收容设施法》中并没有直接规定关于服刑人员个人信息保护的内容，但是该法第 30 条规定了服刑人员处遇目的是促进其改过自新以及复归社会。具体而言，为了预防服刑人员再犯罪，要使其成为一名健全的社会人、作为社会普通一员被接纳，为此，国家需要为服刑人员改过自新、复归社会创造良好的社会环境、个人条件等。服刑人员的个人信息作为其重要的权利内容，刑事设施的工作人员在执行公务时，是否需要对其进行严格保管，在此过程中，国家对于发生的服刑人员个人信息泄露是否需要承担责任？日本鸟取地方裁判所从《刑事收容设施法》第 30 条中所规定的促进服刑人员复归社会的目的出发，确立了对服刑人员个人信息的严格保护。以下为该案详情。

一、事实关系

鸟取刑务所的工作人员 A，将自己基于职务需要制作的记载有鸟取刑务所服刑人员 B 的个人信息的报告书副本带到刑事设施外，并交给自然人 C，泄露了 B 的个人信息（以下称为"本案泄露行为"）。基于此，B 认为本案泄露行为属于公务员履行职务的行为，应当适用《日本国家赔偿法》第 1 条的规定。即使不适用该法第 1 条的规定，因刑事设施在公文书的管理方面存在瑕疵，

---

〔1〕　鳥取地方裁判所／平成 24・7・17『判例時報』1390 号（2013 年）195 頁以下に基づいている。

也应当适用《日本国家赔偿法》第 2 条的规定，B 据此主张不低于 100 万日元的精神损失费，同时要求国家支付赔偿费 100 万日元以及相应的延迟损害金。[1]

二、争议焦点

本案的争议焦点在于是否可以认定 A 作为公务员履行职务行为时泄露了服刑人员 B 的个人信息。[2]

三、判决主旨

关于本案的争议焦点，鸟取地方裁判所作出了以下判断。鸟取地方裁判所认为，"除需要办理相关手续而有特别必要的情形外，刑务所工作人员不得将记录有服刑人员个人信息的电子数据或者文件带出刑事设施之外。不仅如此，为执行公务，在办理相关手续时有特别必要将记录有服刑人员个人信息的电子数据或者文件带出刑事设施之外的，为防止个人信息泄露，必须严格保管、按时归还。鉴于保护个人信息是非常重要的事项，即便是工作人员出于谋求个人利益的目的将个人信息带出刑事设施，也不可以将其作为私人行为解读，而是应当作为公务的一环，并相应地将要求其严格保管该信息不被泄露作为执行公务的一部分。因此，对擅自将保管的文件带出刑事设施的行为客观上来说不是个人行为，将其解释为一种公务行为比较恰当……本案报告书的副本中由 A 记载了 B 在鸟取刑务所服刑相关的重大个人信息（有前科信息记录）。由此，在 A 将本案报告书副本带出刑事设施外、带入 C 的家中这一时点，必须将 A 的行为评价为，其在应当执行严格保管 B 个人信息的公务过程中泄露了 B 的个人信息……本案泄露行为应认定为 A 泄露了 B 的名字和前科记录这些敏感信息，当别人看到这些信息时，能够将前科记录和 B 的名字联系起来，不能轻视该行为导致原告所遭受的精神痛苦，尤其是对原告今后社会复归所带来的负面影响。"[3]

---

[1] 鸟取地方裁判所/平成 24・7・17『判例时报』1390 号（2013 年）195 頁。

[2] 鸟取地方裁判所/平成 24・7・17『判例时报』1390 号（2013 年）197 頁。

[3] 鸟取地方裁判所/平成 24・7・17『判例时报』1390 号（2013 年）198-199 頁。

四、评价

服刑人员的个人信息作为其重要的权利内容，对于刑事设施的工作人员在执行公务时，是否需要对其进行严格保管，国家是否要为服刑人员的个人信息泄露承担责任？鸟取地方裁判所持肯定的态度，并且对刑事设施工作人员采取了严格的限制标准。首先，本判决就刑事设施工作人员泄露其在履行职务过程中得知的服刑人员个人信息肯定了其公务性，特别是对于以谋求个人利益为目的泄露服刑人员个人信息的，亦肯定了其公务性。相当于间接强化了行刑方在服刑人员个人信息保护方面的责任。其次，鸟取地方裁判所的判决对个人信息保护采取严格标准。哪怕泄露服刑人员的姓名和前科记录也是不可以的，因为除了可能给服刑人员带来精神的痛苦之外，当他人看到这些信息时，可能会对服刑人员的社会复归产生不利影响。最后，本判决对《刑事收容设施法》第 30 条中"促进服刑人员社会复归"的处遇目的做了扩大解释。即行刑方不仅要采取积极的促进服刑人员复归社会的措施，而且在行刑过程中要防止不利于服刑人员社会复归的事项发生。本判决对于日本服刑人员的个人信息保护以及社会复归具有积极意义。其所确立的个人信息保护的严格限制标准亦反映了日本实务界在促进服刑人员社会复归方面的积极态度。

第七节　选举权的保障[1]

选举权是实现民主制的重要途径，是公民参政的保障。与我国不同，日本法律当中并没有剥夺政治权利的刑种。那么服刑人员在监狱中是否能够实现其选举权呢？2013 年大阪高等裁判所的判决肯定了服刑人员的选举权，认为在监狱中有条件保障服刑人员的选举权，应当予以保障。

一、事实关系

A 是登记在大阪府 B 市选举人名册上的人员。按照《公职选举法》第 11

---

[1]　大阪高等裁判所判决/平成 25·9·27『判例时报』2234 号（2014 年）35 页以下参照。

条第 1 款第 2 项规定，在 2010 年 7 月 11 日实施的参议院议员选举中，A 不享有选举权。在 2010 年 7 月 11 日选举进行时，A 因被判处有期徒刑正在服刑，2010 年 11 月 25 日，A 因假释出狱，于 2011 年 1 月 29 日服刑完毕。

A 请求确认《公职选举法》第 11 条第 1 款第 2 项[1]违反了宪法，以及请求确认其在下次众议院议员的总选举中享有选举权，同时以自己因被非法否定了选举权遭受了精神痛苦为由，要求根据《日本国家赔偿法》第 1 条第 1 款规定进行损害赔偿。

原审中，对于要求确认《公职选举法》违宪的部分以及原告有选举权的部分，均以不合法为由予以驳回。[2]

A 提起了上诉，请求确认以下内容，第一，《公职选举法》第 11 条第 1 款第 2 项否定被处以监禁以上刑罚且在服刑中的人员（以下称为"服刑人员"）的选举权及被选举权的内容违宪。第二，上诉人在下次众议院议员总选举中享有可以投票的权利，同时以国会议员没有修改《公职选举法》等原因导致自己未能在上述选举中行使选举权受到了精神损害为由，要求根据《日本国家赔偿法》支付 100 万日元的赔偿金。[3]

二、争议焦点

在本案中，主要争议焦点是《公职选举法》第 11 条第 1 款第 2 项是否符合宪法规定。[4]

三、判决主旨

关于本案的争议焦点，大阪高等裁判所做出了以下判决。大阪高等裁判所认为，"关于限制服刑人员的选举权，从是否存在不得已事由的角度进行判断。关于被上诉方所主张的服刑人员明显缺乏敬畏法律的精神，不能期待其公正地行使选举权这一点，服刑人员当中也包括因过失犯罪而需服刑的人，其刑

---

〔1〕　下列人员不享有选举权和被选举权。被处以监禁以上刑罚直至刑罚执行完毕的人员。
〔2〕　大阪高等裁判所判决/平成 25・9・27『判例时报』2234 号（2014 年）35 页。
〔3〕　大阪高等裁判所判决/平成 25・9・27『判例时报』2234 号（2014 年）29 页。
〔4〕　大阪高等裁判所判决/平成 25・9・27『判例时报』2234 号（2014 年）32 页。

罚依据的犯罪行为的内容也多种多样，其中与选举权的行使无关的犯罪占大多数。不能仅仅因为是服刑人员，就立即认定该人员严重缺乏敬畏法律的精神而不能期待其公正地行使其选举权……关于被上诉方所主张的参照对服刑人员拘禁的必要性以及拘禁的性质，不得已限制 A 的选举权这一观点……（1）目前正在施行未决收容者缺席投票方式，加之从宪法修改中对服刑人员享有国民投票权这一点来看，通过缺席投票等方法使服刑人员行使选举权，在技术上并不是困难的，可以说这一主张并不是限制服刑人员选举权的不得已事由……（2）关于是服刑人员这一事实本身就属于应该限制选举权的主张……因犯罪被处以实刑，因此一律剥夺其作为公民的权利的做法没有任何合理依据…不能将属于服刑人员本身这一事实作为限制选举权的理由……《公职选举法》第 11 条第 1 款第 2 项一律限制服刑人员的选举权的规定违反了《日本宪法》第 15 条第 1 款以及第 3 款[1]、第 43 条第 1 款[2]以及第 44 条但书条款[3]的规定。"[4]

四、评价

大阪高等裁判所的判决肯定了服刑人员的选举权。首先，该判决肯定服刑人员享有选举权的思路遵循了法治主义中的保留原则。即选举权是服刑人员本身所拥有的政治权利，只要是没有充足的理由值得限制，就应该肯定其享有选举权利。其次，该判决提示了限制服刑人员选举权的可能情形。即当服刑人员实施了与选举权相关的犯罪或者有其他具体情形能够认定其不能公正行使选举权时，才可以对其选举权进行限制，不能因为是服刑人员就限制其行使选举权。最后，该判决实质上对行刑方提出了要求——在未决收容者具备缺席投票的条件时，行刑方也应当参照未决拘禁者缺席投票的方式为服刑人员创造条件进而保障其选举权。而非以不具备条件不承认服刑人员的选举权。本判决否定了《公职选举法》第 11 条第 1 款第 2 项的合宪性，认定不

---

[1] 选定公务员及罢免公务员是国民固有的权利。……公务员选举保障成年人的普通选举。

[2] 两议院由代表全体国民的选举议员构成。

[3] 但不得因种族、信仰、性别、社会身份、门第、教育、财产或者收入而进行差别对待。

[4] 大阪高等裁判所判决/平成 25 · 9 · 27『判例时报』2234 号（2014 年）33-34 页。

区分具体情形一律限制服刑人员的选举权是违宪的，对保护服刑人员的选举权具有积极意义。

第八节　本章小结

首先，《刑事收容设施法》实施后的司法实务加强了对服刑人员国家赔偿请求权的保护。国家赔偿请求权是近代以来在法治文明中所确立的公民基本权利，其目的在于保障公民对公权力的请求权以及实现国家赔偿责任。根据《日本国宪法》第 17 条规定，"任何人只要是因为公务员的行为受到损害，都可以向国家或者公共团体主张赔偿。"在日本《监狱法》时代的"淀号"判决之后，虽然在判例中确立的裁量标准加强了对服刑人员的权利保护，但是由于《监狱法》立法上的缺陷，仍然有很多不明确的地方。与此相对，《刑事收容设施法》下的司法实务更倾向于以权利保障为中心的态度。特别是随着法律上服刑人员权利义务的具体化、明确化，裁判所判断的问题也较以往更加具体化，通过上述千叶地方裁判所、大阪高等裁判所、鸟取地方裁判所的判例等可以看出日本的司法界在适用《刑事收容设施法》中的法条时，更倾向于朝着有利于服刑人员权利保护的方向进行解释适用。

其次，与日本《监狱法》时代相比，《刑事收容设施法》下的司法实务更加注重对法治主义原则的贯彻。《刑事收容设施法》的制定相较于日本的《监狱法》更好地贯彻了法律主义原则，在此基础上开展的司法实务加强对服刑人员国家赔偿请求权的保护是对司法救济原则的坚持和保障。通过上述案例可以看出在涉及服刑人员的权利限制时，裁判官在对相关的法律进行适用时，往往倾向于采取更有利于服刑人员的解释。比如关于服刑人员会见权、通信权、选举权、个人信息权的保障等方面。特别是关于服刑人员的选举权保障，在《日本刑法典》《刑事收容设施法》没有相关规定的情况下，日本裁判所直接肯定了《公职选举法》的违宪，可以说该做法无论在行刑诉讼领域、还是行刑的合宪审查领域都迈出了一大步，这种进步的基础理论依据正是法治主义中的保留原则。又如关于服刑人员的强制安全关怀、秘密会见权的保障、选举权的保障等方面，司法实务中则严格遵循了比例原则，要求行刑机关在对服刑人员这些方面的权利进行限制时，结合具体情形、遵守比例限度。

最后，与日本《监狱法》时代相比，《刑事收容设施法》下的司法实务更注重行刑的社会化和科学化。行刑固然包括剥夺或者限制服刑人员在社会中活动的自由，但根据保留原则，其内容又远远不止于此，行刑方在剥夺或者限制服刑人员自由的前提下，应当使之被剥夺或者限制自由后所剩下的时间和空间与一般社会的生活所差无几。[1]因此，为了保障服刑人员未被限制的权利的实现，必须促进行刑的社会化和科学化。《刑事收容设施法》下的司法实务判例正反映了这样的思路。通过上述案例中关于选举权保护、个人信息保护的判决可以看出，日本司法人员在进行裁判的时候很关注的一项内容——以促进服刑人员的社会复归或者保障其作为社会成员所享有的权利为目的。又如，关于强制安全关怀的判决，要求行刑方哪怕是为了服刑人员的身体健康，也应当尽可能地遵循被采取安全关怀措施的服刑人员的意愿，并且尽可能地将安全关怀带来的伤害降到最低，体现了日本司法实务对行刑科学化要求的同时，更体现了对人的尊严的关注。

---

[1] 参见王云海：《监狱行刑的法理》，中国人民大学出版社 2010 年版，第 21 页。

行刑法治化的日本路径及对我国的启示

日本监狱行刑的法治化始于 20 世纪初期以小河滋次郎的监狱法论为中心的管理制度化行刑——以监狱内部管理的制度化为重点、构建监狱法体系。第二次世界大战之后，日本进入了行刑法治化的实质探索阶段，经历了以人权监狱学为中心的监狱行刑关系的构建、修正等阶段，这一过程中经历了监狱行刑关系由特别权力关系向一般权力关系的发展与转变。特别是在进入 21 世纪后，日本将西方的监狱行刑理论与之本土需求相结合，快速地朝着行刑社会化、矫治科学化与效率化发展。可以说，从 19 世纪末期至今，日本监狱行刑法治化的历程中伴随监狱行刑法律关系的发展、变化。具体而言，这种法律关系包括两个层面的内容：第一，监狱行刑过程中服刑人员与国家之间的关系；第二，根据监狱行刑具体内容划分的行刑内部关系。

第一节　日本行刑法治化的发展、变化

一、特别权力关系论

从 1908 年《监狱法》成立至 20 世纪 50 年代中期，日本的行刑支配理论是特别权力关系论，其行刑关系呈现为特别权力关系。所谓特别权力关系是指在国家或者公共团体与特定主体的关系上，国家或者公共团体与特定主体之间是完全的支配与被支配关系，而支持这种关系存续的理论即为特别权力

关系论，该理论在以君主专制为前提和背景的明治时代，由宪法、行政法学者从德国公法学领域引入。[1]但是，明治时代称不上是日本真正的法治时代，或者说这一时代的法治仅仅是形式上的存在。[2]例如，在有关服刑人员的权利保障上，仅仅只有一些形式性、概括性的规定，实质、具体的法律少之又少。又如，在《监狱法》之下广泛允许敕令、省令、通达等行政命令的存在，在国家权力尤其是行政权力的发动上造成很多例外情形。

即这一时期的行刑活动完全属于行政管控活动。服刑人员被强制收容到监狱之后，便处于一种不同于一般权力关系的营造物利用关系，监狱长官根据管控需要，对服刑人员进行概括性支配。在行刑的所有方面，行刑方都可以在毫无法律依据的情形下恣意地进行自由裁量。[3]服刑人员作为一般公民所享有的基本权利也可以在毫无法律根据的情形下被限制或者剥夺。[4]当服刑人员对这种权利限制或者剥夺有异议时，因为处于特别权力关系之下，也不能通过诉讼的方式寻求救济。

二、特别权力关系论的修正

第二次世界大战之后，《日本国宪法》得以颁布。一方面，在《日本国宪法》中并没有明确规定特别权力关系的内容，甚至不存在消极性支持该理论的条文。《日本国宪法》明确规定了法治主义[5]（Rule of law），禁止公权力的恣意性，确立了保障人权原则，这些都使得法治主义理念得以强化。因而尊重和保障公民权利的议题备受关注。与此相应，在部门法领域，刑法中的"罪刑法定"、刑事诉讼法中的"无罪推定"、行政法中的"依法行政"原则也得以确立下来。在此背景下，先前的特别权力关系论没有了存续空间。

---

〔1〕 参见赵新新：《日本服刑人员的法律地位及对中国的启示》，载《中国监狱学刊》2020 年第 3 期。

〔2〕 澤登文治：『受刑者の人権と人間の尊厳——世界標準と社会権的再構成』（日本評論社，2019 年）20 頁。

〔3〕 最高裁判所大法廷判決/昭和 58・6・22『判例時報』861 号（1983 年）8 頁。

〔4〕 室井力「特別権力関係論」（頸草書房，1968 年）336 頁参照。

〔5〕 橋本公亘「在監者の人権」『刑政』74 巻第 10 号 14 頁、室井力「特別権力関係論」（頸草書房，1968 年）361 頁参照。

最具代表性的是 1958 年 8 月 20 日大阪地方裁判所作出的"平峰判决"。[1]该判决首次肯定了即使处于特别权力关系中的服刑人员，当其基本权利受到行刑方侵害时，也可以通过诉讼的方式寻求司法救济。以此为契机，行刑中的特别权力关系论得以修正，特别权力关系修正论确立。在特别权力关系修正论之下，服刑人员的重要基本权利受到保护，即对于服刑人员的重要基本权利，如果没有合理理由和法律依据，行刑方不得进行限制或者剥夺。[2]特别是当服刑人员的基本权利因行刑方的自由裁量受到侵害时，允许其通过诉讼寻求司法救济。[3]但是，特别权力关系修正论也有其局限性。因为其依然肯定国家与服刑人员之间特别权力关系的存在，服刑人员仍受行刑方的概括性支配。因此，从法治主义视角来看，特别权力关系修正论内部可以说是自相矛盾的。[4]

三、特别权力关系论的否定

"平峰判决"之后不久，围绕对行刑中特别权力关系否定的研究亦得以展开。[5]特别权力关系否定论认为，《日本国宪法》中确立了法治主义和保障人权原则。因此，即使在行刑关系——这种特殊的统治关系之中，国家与服刑人员之间的关系和其与一般公民的关系应该是一样的，因而没有必要继续维持特别权力关系这一概念。[6]

因监狱行刑的现场性和专业性，当涉及对服刑人员的权利自由限制时，该怎么办呢？有学者提出通过法律授权的方式赋予行刑方相应的自由裁量权。

---

〔1〕　案件详细内容见大阪地方裁判所判决/昭和 33·8·20『行政事件判例集』9 卷 8 号（1958）1662 頁。

〔2〕　大阪地方裁判所判决/昭和 33·8·20『行政事件判例集』9 卷 8 号（1958）1662 頁。

〔3〕　大阪地方裁判所判决/昭和 33·8·20『行政事件判例集』9 卷 8 号（1958）1662 頁

〔4〕　室井力「特別権力関係論」（頸草書房，1968 年）413 頁、本庄武：「受刑者の法的地位と自由刑の改革」本庄武＝武内謙治編著『刑罰制度改革の前に考えておくべきこと』（日本評論社，2017 年）85—86 頁。

〔5〕　室井力「受刑者の収容関係と特別権力関係理論」『刑政』第 74 巻第 5 号 17 頁。

〔6〕　松島諄吉「在監関係について——伝統的な『特別権力関係修正論』への批判的一考察」『磯崎辰五郎先生喜寿記念・現代における「法の支配」』（法律文化社，1979 年）274-275 頁。

从而特别权力关系——这一"权威主义亡灵"即可消亡。[1]但是这一设想直至 2006 年才得以实现。在此之前，在特别权力关系否定论之下，涉及对服刑人员的权利限制时，仍然是通过行刑方自由裁量的方式实现。关于行刑方裁量权的界限以及具体应该怎样裁量，也出现了很多标准。例如，"合目的裁量标准"主张在拘禁或惩罚目的的范围内对服刑人员进行权利限制；[2]又如"盖然危险性标准"主张从现实危险性的程度出发，对服刑人员的权利自由实施限制或剥夺；[3]再如，"公共福祉标准"主张当服刑人员的行为危害到公共福祉时，才可对其进行权利限制。但是这些标准只能为限制行刑方的恣意裁量权提供一个大致的方向，因为都太过于抽象，在具体标准上不够明确，最终只能流于表面。即对服刑人员权利自由的限制仍是由行刑方恣意裁量。由此可见，仅仅否定特别权力关系论并不能使行刑关系达到法治主义的要求。

四、诸利益衡量论的确立

在 1983 年的"淀号判决"中，日本最高裁判所确立了"诸利益衡量"标准，在司法实务中，国家与服刑人员之间的特别权力关系被彻底否定，并且关于对服刑人员权利自由的限制权限实质上由行刑方的自由裁量转变为裁判所的司法审查。

当时日本最高裁判所认为判断行刑机关对服刑人员的权利限制是否合法，应从三方面进行诸利益衡量。[4]首先，行刑主体对服刑人员进行权利限制时必须有具体依据，一般认为该具体依据是出于收容或维持秩序的需要。[5]最高裁判所认为"为了防止其逃跑……为了维持刑事设施内的纪律，保障其正常运营，必要时亦可对其实施人身以及其他方面的自由限制"。其次，限制的允许基准，行刑主体对服刑人员的权利限制不得超过其自由裁量的界限，如

---

〔1〕 福田雅章『日本の社会文化構造と人権：「仕組まれた自由」なかの安楽死・死刑・受刑者・少年法・オウム・子ども問題』（明石書店，2002 年）168 頁。

〔2〕 菊田幸一『受刑者の人権と法的地位』（日本評論社，1999 年）6-7 頁。

〔3〕 鴨下守孝『新行刑法要論』（東京法令出版，2015 年）98 頁。

〔4〕 東京地方裁判所判決／平成 4・7・27『判例時報』806 号（1992 年）44 頁。

〔5〕 参见王云海：《监狱纪律与秩序的法理》，载杜钢建、白巴根编《法下的人权与国权：铃木敬夫教授古稀纪念文集》，法律出版社 2009 年版，第 321-323 页。

果自由裁量超过裁量权的界限则违法。最高裁判所认为："当服刑人员行为仅仅具有危害刑事设施内部纪律、秩序的一般的、抽象的危险时，是不能对其进行自由限制的，只有当其行为具有危害刑事设施内部纪律、秩序的危险，且这种危险具有相当的盖然性，不可放任不管时，才具有采取具体措施的必要"。最后，限制的具体措施的合法性判断，当行刑主体的自由裁量违法时，其需要接受司法审查。最高裁判所认为"对被羁押人员的自由限制是否合理且必要，需要参照行刑的目的，并与被限制自由的内容、性质、程度以及具体限制的样态、程度等进行比较、衡量后决定"。

五、正当程序关系论的提出

在 2006 年日本《刑事收容设施法》生效之前，作为行刑依据的法律一直是 1908 年制定的《监狱法》，但是因为《监狱法》仅仅只有 75 条，不论是在服刑人员的权利保障与限制上，还是在行刑主体的权限界定上都不够明确。实际上，行刑往往是以敕令、省令、通达等行政命令为依据进行的。这些虽然有的是以法律为依据而制定，但是涉及行刑实务中的具体问题时，依法行刑并不能真正发挥其应有价值。为此，以福田雅章为代表的学者在《日本国宪法》第 31 条的基础上提出了正当程序关系论。

《日本国宪法》第 31 条规定："任何人非经法定程序，其生命、自由不受剥夺，亦不得被处以其他刑罚"。即不仅有关刑罚权的实体法内容必须由法律规定和满足实体正当，且刑罚程序亦必须由法律规定和满足程序正当，该规定被认为是对国家刑罚权的限制。[1] 日本学者认为，国家刑罚权包括规制犯罪的立法过程（即一般刑罚权），一般刑罚权实现的执法和司法过程（即个别的、观念的刑罚权），最终的刑罚执行和行刑过程（现实的刑罚权）。[2] 在此基础上，福田雅章等人认为《日本国宪法》第 31 条实质上是从立法、司法以及刑事执行等方面对国家刑罚权进行限制。同时，由于刑罚的执行以及行刑过程也属于行政权所涉及的领域。因此，对一般国民适用的行政作用原理在

---

〔1〕　宮崎繁樹＝五十嵐二葉＝福田雅章『国際人權基準による刑事手続ハンドブック』（青峰社，1991 年）330 頁。

〔2〕　团藤重光『刑法綱要（総論）』（創文社，1990 年）368 頁。

此也当然适用。[1]

正当程序关系论将行刑与宪法、法治主义与行刑法、刑事政策在理论上结合起来，以试图实质上促进日本行刑的宪法化、法治化。之所以这样说是因为其具有以下优点。首先，尝试将宪法上的人权尊重原则与正当程序原则适用到行刑中。从该理论出发，《日本国宪法》中的人权推定原则也应当对服刑人员适用，即使在行刑关系中，服刑人员的个人尊严以及权利也应当最大限度地受到法律保护，[2]当然，对于服刑人员与国家的关系也应当从正当程序关系出发进行理解。即对行刑完全适用正当程序关系论。其次，正当程序关系论将国家刑罚权的行使分为立法、司法、行刑的过程，主张行刑和立法、司法一样应当依据尊重人权精神和正当程序原则展开。根据正当程序关系论，国家刑罚权的行使不仅包括刑法的制定、司法适用过程、也包括行刑这一最重要的具有实质意义的环节。因此，应当如立法阶段的"罪刑法定"、司法阶段的"无罪推定"一样，在行刑阶段通过法律明确服刑人员的法律地位、权利、义务。最后，正当程序关系论将法律论与处遇论、行刑理念与行刑实务在理论上结合起来。根据正当程序关系论，为了实现尊重、保障人权的目标或者确保服刑人员的法律地位，国家具有义务积极、实质地保障服刑人员未被限制的权利。因此，应当实现自由刑纯化，即严格限制对服刑人员实施的刑罚的内容，不对其造成不必要的痛苦；应当实现行刑社会化，即为了保障服刑人员未被限制的权利，国家应当实施特殊的处遇政策促进其复归社会以及为了维持监狱纪律秩序对服刑人员权利限制的最小化。[3]

第二节　行刑法治化之下日本服刑人员的权利义务

如上所述，日本行刑法治化路径在经历特别权力关系论、特别权力关系

---

〔1〕　宫崎繁树＝五十岚二叶＝福田雅章《国際人権基準による刑事手続ハンドブック》（青峰社，1991 年）330 頁。

〔2〕　宫崎繁树＝五十岚二叶＝福田雅章《国際人権基準による刑事手続ハンドブック》（青峰社，1991 年）331 頁。

〔3〕　福田雅章『日本の社会文化構造と人権：「仕組まれた自由」なかの安楽死・死刑・受刑者・少年法・オウム・子ども問題』（明石書店，2002 年）169-173 頁。

修正论、特别权力关系否定论以及诸利益衡量论之后，在理论上转向了正当程序关系论。在正当程序关系论之下，行刑的内部关系被分为三部分，即拘禁关系、处遇关系、秩序关系。以福田雅章为代表的正当程序关系论的支持者参与了日本行刑法律改革，在法治主义理念以及正当程序关系论的影响、推动下，2006 年日本《刑事收容设施法》得以制定。该法一共 293 条，从拘禁关系、处遇关系、秩序关系等行刑内部关系出发详实地明确了服刑人员的权利义务、行刑机关的权限等，与《监狱法》时代相比确实促进了行刑的法治化发展。

一、拘禁关系下的权利义务

在正当程序关系论之下，拘禁关系属于犯罪人责任范围内监狱行刑的本来内容，[1]国家在此之下实施刑罚，对服刑人员的自由进行限制或者剥夺，将服刑人员与一般社会相隔离，其涉及将服刑人员拘禁在哪里、如何拘禁的问题。[2]作为刑罚的效果和报应的体现，日本拘禁关系下的内容一般具有较强的义务性和强制性，比如作为刑罚表现形式的拘禁的开始与结束、拘禁的时间段、拘禁的分离等都有明确的义务性和强制性。但是这种义务和强制并不当然具有绝对性，具体体现为以下两个方面。

第一，收监之后的移送。《刑事收容设施法》中并没有对收监之后的移送进行规定。对于日本服刑人员而言，移送到底是义务性内容还是权利性内容法律规定并不明确。实践中，与之有关的所有内容都由刑事设施的长官裁量决定。

问题是，在服刑人员与行刑机构之间，往往会因移送产生利害关系，因此又不能任刑事设施长官恣意裁量。根据《日本行政诉讼法》第 3 条第 1、2款的规定，服刑人员对于刑事设施长官的移送决定有异议时可以提起诉讼。从以往的实务经验来看，对此存在两种裁判倾向：其一，将移送裁量作为行政处分，认为移送对行刑内部的拘禁关系、尤其是对服刑人员的权利产生了

---

〔1〕　参见［日］桥爪隆：《日本刑法中对责任能力的认定》，赵新新译，载《财经法学》2021年第 1 期。

〔2〕　参见王云海：《监狱行刑的法理》，中国人民大学出版社 2010 年版，第 9-11 页。

影响，因而从保护服刑人员权利出发，允许其通过诉讼提出异议。[1]其二，将移送裁量作为事实处分。认为对于服刑人员的移送，行刑机关无需进行告知、无需考量其是否具有相当性。[2]在第二种情形中，移送就完全成了由行刑机关概括性支配的内容，于服刑人员而言成为绝对义务性内容。[3]

第二，刑务作业的义务性不断削弱。根据《日本刑法典》第12条，刑务作业是惩罚手段，具有义务性。从时代变化来看，日本的刑务作业的作用及目的经历了惩罚、震慑到更生、回归社会，再具体化到提高服刑人员的劳动意愿、培养其回归社会的劳动知识、技能。在这种背景下，刑务作业"去惩罚化""去痛苦化""去强制化"的观点不断被提及。[4]以此为前提，随着日本社会老龄化加剧，高龄服刑人员增加，监狱出现了福祉化过剩，现实中不仅高龄服刑人员拒绝参加劳动，甚至也出现了具有劳动能力的服刑人员拒绝刑务作业的现象。[5]因此导致了拘禁关系之下刑务作业的惩罚性和义务性降低。

二、处遇关系下的权利义务

在正当程序关系论之下，处遇关系属于政策性质的内容，目的在于维持服刑人员的社会性以及促进其复归社会，其具体内容根据矫正处遇的需要，从科学性角度予以确定，根据各个服刑人员的实际状况设定不同的内容，允许处遇内容因人而异，国家与服刑人员之间是一种非强制性的协商关系。[6]即处遇关系之下，应当注重的是对服刑人员权利的保障，而非设定义务。

受正当程序关系论的影响，较日本《监狱法》时代相比，处遇关系之下确实更注重服刑人员的权利保障。《刑事收容设施法》从给养、医疗卫生、宗

---

[1] 千葉地方裁判所判决/昭和35・4・14『行政事件判例集』11卷4号（1960）1114頁。

[2] 德島地方裁判所判决/昭和46・2・16『訟務月報』17卷5号（1971）824頁。

[3] 福岡地方裁判所判决/昭和43・3・15『訟務月報』14卷4号（1968）411頁。

[4] 本庄武：「受刑者の法的地位と自由刑の改革」本庄武＝武内謙治編著：「刑罰制度改革の前に考えておくべきこと」（日本評論社，2017年）96頁。

[5] 倉茂由美子「高齢化『リハビリ』も刑務作業」『読売新聞』2021年6月18日。

[6] 参见王云海：《监狱行刑的法理》，中国人民大学出版社2010年版，第10-11页；宮崎繁樹＝五十嵐二葉＝福田雅章『国際人権基準による刑事手続ハンドブック』（青峰社，1991年）330頁。

教行为、书籍阅读、外部交流等方面对涉及服刑人员权利的内容进行了明确规定，并在权利限制的基准和根据上进行了具体化。如为了保障服刑人员的基本生活条件，《刑事收容设施法》明确规定了行刑机关给予、借予服刑人员的物品范围以及服刑人员自给物品的范围和条件。又如，为了保障服刑人员健康卫生方面的权利，《刑事收容设施法》明确具体地规定了清洁、洗浴、理发、剃须、体检、就医、指定医生就诊、传染病预防等方面的内容，并且规定了行刑机关在保障服刑人员身心健康、及时就医、传染病防范等方面的义务。再如，为了保障服刑人员获取知识的权利以及同外部交流的权利，《刑事收容设施法》明确规定了服刑人员自费阅读书籍、报刊的条件、与外部交流、会见、通信的条件，并且相应地规定了行刑机关的义务。

　　尽管如此，在实际的处遇关系中日本服刑人员并非完全不承担义务性内容。[1]《刑事收容设施法》中明确规定了刑务作业、改善指导、教科指导三种强制性处遇措施。如《刑事收容设施法》第 94 条明确规定服刑人员必须参加职业教育和职业训练，处遇关系之下刑务作业当然地成为了义务性内容。又如，《刑事收容设施法》第 103 条规定的改善指导，其中包括酒精依存戒除指导、暴力行为防止指导、药物依存戒除指导、暴力团脱离指导、性犯罪再犯防止指导、交通安全指导等，对于服刑人员而言，全部是义务性内容。再如，根据《刑事收容设施法》第 104 条的规定，对于没有完成义务教育或者学历程度较低的服刑人员实施强制性教科指导。并且根据《刑事收容设施法》第 74 条以及第 150 条的规定，对于拒绝矫正指导的服刑人员，刑事设施长官可以对其进行惩罚。由此可见，在日本处遇关系之下，服刑人员与国家之间并非一种对等的协商关系，而更倾向于一种以法律为依据的行政管理关系。

三、秩序关系下的权利义务

　　秩序关系的首要、核心内容在于使监狱的集体生活得以正常持续，其中既要注重对服刑人员进行权利保护，也涉及对其权利的限制。可以说秩序问

---

　　[1]　名取俊也「刑事施設及び受刑者の処遇等に関する法律の概要」『ジュリスト』第 1289 号，22 頁。

题居于监狱行刑的诸问题之首，聚刑事执行中的诸问题于一身。[1]比如，日本服刑人员与刑事执行方的纠纷就主要是围绕着秩序关系展开的。为了实现服刑人员权利保护与限制之间的平衡，《刑事收容设施法》第73条第2款明确规定了行刑方为维持监狱秩序而对服刑人员采取限制措施时必须遵循比例原则。以此为基础，将秩序关系之下的具体内容明确化。

值得注意的是在上述几个环节中，《刑事收容设施法》在对服刑人员进行限制规定时，都对比例原则进行了具体化规定。例如，在对服刑人员进行收容隔离的规定中，明确了收容隔离的条件、期间以及必须就服刑人员的健康状态听取医生的意见。又如，在保护室的使用规定中，明确了保护室使用的构造、设备标准、条件、期间、权限行使主体以及就服刑人员健康状态听取医生的意见等。

四、日本服刑人员的权利救济

从法治主义以及正当程序关系论出发，在行刑内部关系之下明确服刑人员的权利义务就足够了吗？显然是不够的，虽然服刑人员处于与一般公民不同的集体生活环境和处遇状态中，但是从自由刑纯化的理念出发，也不能任由行刑方对其权利进行限制，要保证其获得权利救济的渠道。[2]因此，为了充分保障服刑人员的权利，日本从行政救济和司法救济两方面构建了服刑人员权利救济制度。

根据《刑事收容设施法》规定，服刑人员可以进行的行政救济方式包括三种。第一，"审查的申请"，即服刑人员对刑事设施长官所做出的处分决定（如禁止阅读书籍、收容隔离等）有异议时，可以对矫正管区的长官提出审查申请。"审查的申请"采用二审制，即服刑人员对矫正管区长官的审查有异议时，还可以向法务大臣提出再审查的申请。第二，"事实的申告"，服刑人员对于行刑方所做出的一时性的事实行为（例如，违法对服刑人员的身体使用

---

[1] 参见王云海：《监狱纪律与秩序的法理》，载杜钢建、白巴根编：《法下的人权与国权：铃木敬夫教授古稀纪念文集》，法律出版社2009年版，第321页。

[2] 鸭下守孝『新行刑法要論』（東京法令出版，2015年）68-69頁。

有形力）有异议时，可以向矫正管区长官或者法务大臣提出事实的申告、再申告。第三，"意见的提出"，与上述两种行政救济不同，"意见的提出"的适用范围更广，即服刑人员对于自己所受待遇有异议时，不受时间限制均可向法务大臣提出意见。

经过上述行政救济之后，当服刑人员对解决结果不满，对自己的遭遇仍有异议时，依据《日本国宪法》第 32 条以及《日本国家赔偿法》第 1 条第 1 款，其可以自身权利遭受行刑方侵害为由，提起行政诉讼或者民事诉讼。

第三节　中日服刑人员具体权利义务的比较

一、法治背景下我国服刑人员的权利义务特点

20 世纪 90 年代以来，我国对法治的认识不断加深。1997 年第十五次全国人民代表大会提出"建设社会主义法治国家""尊重和保障人权"等内容，1999 年第九届全国人大二次会议将"中华人民共和国实行依法治国，建设社会主义法治国家"正式写入宪法，2017 年 10 月，在中国共产党第十九次全国代表大会上，习近平代表第十八届中央委员会作报告，明确提出"全面推进依法治国总目标是建设中国特色社会主义法治体系、建设社会主义法治国家"，将全面依法治国纳入新时代坚持和发展中国特色社会主义的基本方略。在我国法治建设不断深入推进的历程中，服刑人员的权利义务内容在法律上不断充实，形成中国特色社会主义法治体系中的一部分并呈现社会主义法治行刑的鲜明特色。法治背景下我国服刑人员的权利义务特点体现为以下几个方面。

第一，依据法律对服刑人员的权利进行保护。1994 年，《中华人民共和国监狱法》（以下简称《中国监狱法》）制定，通过法律明确对服刑人员进行权利保护，一改以往依靠条例、行政规范等为依据进行监狱行刑的现状。如《中国监狱法》总则第 7 条第 1 款："罪犯的人格不受侮辱，其人身安全、合法财产和辩护、申诉、控告、检举以及其他未被依法剥夺或者限制的权利不受侵犯。"对服刑人员的权利保护进行了总括性、列举式的规定。又如，在上述第 7 条的基础上，《中国监狱法》第 21 条至第 24 条对服刑人员申诉、控

告、检举权的保障进行了进一步规定。再如，《中国监狱法》第47条、第48条、第71条分别对服刑人员的通信权、会见面、休息权进行了规定。除此之外，1997年《中华人民共和国刑法》中还新增了虐待被监管人员罪的罪名，为服刑人员的健康、人身乃至生命相关的权利提供了刚性保障。

第二，强化了对监狱行刑方的权力限制。首先，《中国监狱法》第14条对监狱警察的禁止行为进行了列举式的明确规定，并且明示了相应的行政责任和刑事责任。其次，对监狱警察使用戒具、武器的条件进行了规定，限制了行刑权力行使的恣意性。例如《中国监狱法》第46条明确规定了五种可以使用武器的情形：（一）罪犯聚众骚乱、暴乱的；（二）罪犯脱逃或者拒捕的；（三）罪犯持有凶器或者其他危险物，正在行凶或者破坏，危及他人生命、财产安全的；（四）劫夺罪犯的；（五）罪犯抢夺武器的。最后，明确了监狱行刑方对服刑人员给予刑罚的条件。根据《中国监狱法》第58条规定，当服刑人员具有：聚众哄闹监狱，扰乱正常秩序；辱骂或者殴打人民警察；欺压其他罪犯；偷窃、赌博、打架斗殴、寻衅滋事；有劳动能力拒不参加劳动或者消极怠工，经教育不改；以自伤、自残手段逃避劳动；在生产劳动中故意违反操作规程，或者有意损坏生产工具；有违反监规纪律的其他行为等破坏监狱管理秩序的情形之一时，监狱可以给予警告、记过或者禁闭的惩罚。

第三，对学历教育、职业教育的重视。很长一段时期内，我国对服刑人员的教育倾向于思想教育，既单一又流于形式。[1]《中国监狱法》在保留思想教育的同时，明确规定了学历教育、职业教育相关内容，使得服刑人员的受教育权有了实质性保障。如根据《中国监狱法》第63条规定，服刑人员接受扫盲教育、初等教育和初级中等教育，经考试合格的，由教育部门发给相应的学业证书。又如，根据《中国监狱法》第64条规定，服刑人员接受职业技术教育，经考核合格的，由劳动部门发给相应的技术等级证书。并且《中国监狱法》明确规定"罪犯的文化和职业技术教育，应当列入所在地区教育规划。监狱应当设立教室、图书阅览室等必要的教育设施"等内容，以保障

---

〔1〕 参见孙晓雳：《中国劳动改造制度的理论与实践——历史与现实》，中国政法大学出版社1994年版，第97页。

服刑人员的获取知识的权利。

第四，服刑人员的权利救济制度不断完善。首先，积极保障服刑人员的控告、检举权。如依据《中国监狱法》第 23 条规定，对于服刑人员提出的控告、检举材料，监狱不得扣押，应当及时处理或者转送公安机关或者人民检察院处理。其次，国家赔偿制度的确立。1994 年制定的《中华人民共和国国家赔偿法》中规定了行政赔偿和刑事赔偿制度，当服刑人员的人身、财产权利受到行刑方的侵害时，能够依据相关规定请求国家赔偿。[1]最后，针对刑事执行的检察监督制度不断完善充实。从劳动改造时期起，检察监督就是服刑人权利救济的重要方式。但是，很长一段时间内，其依据仅仅是行政法规、司法解释等。《中国监狱法》第 6 条明确规定了人民检察院对监狱行刑活动的合法性进行监督，为检察监督提供了法律依据。但是《中国监狱法》并没有规定检察院以什么样的方式实施检察监督。2008 年最高人民检察院出台了《人民检察院监狱检察办法》，通过该办法可以看出，检察机关通过对监狱违法行为提出纠正意见和检察建议的方式进行监督，并且检察机关以纠正意见的方式开展行刑监察在 2012 年作为刑罚执行监督的内容被正式写入《中华人民共和国刑事诉讼法》，以检察建议的方式开展行刑监察亦于 2018 年被正式规定在《中华人民共和国人民检察院组织法》中。另外，我国监狱监督的常态是派驻检察，即将检察机关的监所检察部门派驻到监狱内部，由派驻检察人员常驻监狱、深入监狱内部，进行常态化的检察监督。[2]但是，派驻检察模式在实践中也暴露出"因熟生腐""因熟生懒"的问题，同时，监督者与被监督者长时间共处同一空间的客观事实，也难免引起社会各界的隐忧甚至质疑。[3]因此，《中华人民共和国人民检察院组织法》中正式规定了监狱监督的巡回检察模式，以提升检察监督的有效性。

第五，社区矫正促进了行刑社会化。社区矫正是依法在社区中监管、矫治、教育和帮扶犯罪人的非监禁刑执行制度。[4]从 2003 年试点以来，社区矫

---

[1]　从我国司法实践来看，服刑人员可以寻求国家赔偿的情形仅包括重大行政违法事件和刑事案件。

[2]　参见李奋飞、王怡然：《监狱检察的三种模式》，载《国家检察官学院学报》2019 年第 3 期。

[3]　参见李奋飞、王怡然：《监狱检察的三种模式》，载《国家检察官学院学报》2019 年第 3 期。

[4]　参见吴宗宪主编：《刑事执行法学》，中国人民大学出版社 2019 年版，第 254 页。

正制度不断得以完善，2019 年《中华人民共和国社区矫正法》（以下简称《社区矫正法》）制定，以专门法形式明确了社区矫正在刑事执行中的地位，即对于被判处管制、缓刑、假释、暂予监外执行的服刑人员依法在社区中进行监管、矫治、教育和帮扶的非监禁刑执行制度。该制度除积极推动服刑人员社会复归之外，还注重一般社会对刑事执行的参与。[1]一方面是注重专业人员的参与，从《社区矫正法》第 10、11 条的规定可以看出，根据矫正需要，具有法律、教育、心理、社会工作等专业知识或者实践经验的社会工作者等专业人员都可以参与到社区矫正活动中。另一方面是注重服刑人员周边相关人士的参与，根据《社区矫正法》第 24、25 条规定社区矫正对象居住地的居民委员会、村民委员会的人员，社区矫正对象的监护人、家庭成员以及其所在单位或者就读学校的人员等都可以参与到矫正工作中。

二、中日服刑人员具体权利义务的共同点

中日服刑人员具体权利义务的共同点体现在两国的行刑都具有刑事惩罚兼行政管理性特征。具体体现为以下四个方面。

首先，无条件地接受拘禁收容状态和处遇管理状态都是服刑人员的义务。无论在我国还是日本，都实施分类拘禁收容和分类处遇管理，对此服刑人员不能提出异议。对于被拘禁收容在哪里、接受什么样的分类管理，无论在日本还是我国服刑人员都不能自行选择。

其次，为了矫正、教育服刑人员，无论我国还是日本都实施强制处遇。在日本，矫正处遇包括刑务作业、改善指导、教科指导三种类型，根据《刑事收容设施法》规定，接受矫正处遇是服刑人员的义务，如若抵抗或者拒绝，可以强制进行或者给予惩罚。在我国作为矫正、教育服刑人员的处遇措施有强制劳动、教育等，根据相关法律规定，服刑人员必须无条件地参加这些内容，在其抵抗或拒绝的情形下，同样可以进行强制或者惩罚。因此，不管在我国还是日本，于服刑人员而言，目前矫正处遇都是义务性的。

再次，为了维持监狱的纪律秩序，无论我国还是日本，都设定有惩罚性

---

[1] 参见吴宗宪主编：《社区矫正导论》，中国人民大学出版社 2011 年版，第 5 页。

内容，据此行刑方可以限制服刑人员的权利。例如，对于违反、破坏监狱纪律秩序的行为，日本的《刑事收容设施法》中规定了隔离、捕绳、手铐、拘束衣、戒具、武器的使用等；《中国监狱法》中规定了警告、记过、关禁闭、戒具及武器的使用等。

最后，当服刑人员认为其自身权利受到行刑方的侵害时，形式上都可以在行政内部提出申诉以及一定条件下寻求司法救济。例如，在日本服刑人员有向行政长官提出"审查的申请""事实的申告"以及对法务大臣提出意见三种行政内部救济途径；另外，服刑人员的权利在受到行刑方的不法侵害时，如若该侵害达到可以诉讼的程度，其也可以通过向裁判所提起诉讼的方式寻求权利救济。在我国，服刑人员的权利受到行刑方的侵害时，主要是通过向监狱管理机关、检察机关提出控告、检举的方式寻求救济。当然，如若服刑人员的人身权利受到来自行刑方的侵害，构成严重行政违法事件或者犯罪的，依据《中华人民共和国刑法》《中华人民共和国国家赔偿法》的相关规定也可以通过诉讼的方式寻求权利救济。

三、中日服刑人员具体权利义务的不同点

如上所述，从形式上看，中日服刑人员在权利义务上有不少共同点，进而使得中日的行刑都具有刑事惩罚兼行政管理的特征。但是，实质上两国服刑人员的具体权利义务还是有所差别，这也影响了两国在监狱管理过程中是倾向于依法管理还是倾向于依裁量管理。具体体现在以下四方面。

第一，虽然接受拘禁收容都是服刑人员的义务，但是在日本这种义务不具有绝对性。例如，收监之后拘禁收容的场所变更一般根据狱政管理需要由监狱决定，而当拘禁收容场所的变更涉及服刑人员的权利时，行刑方就不能再进行概括性支配。例如，在千叶地方裁判所 1960 年 4 月 14 日作出的判决（在该判决中，原告服刑人员甲在被从浦和刑务所移送到千叶刑务所 74 天后，又被移送到宇都宫刑务所，原告甲对此不满，提起诉讼请求取消上述处分）[1]认为，"因为服刑人员对刑务所的运营不当提出批评，作为报复就将其移送到

---

[1]　千葉地方裁判所判决/昭和 35・4・14『行政事件判例集』11 卷 4 号（1960 年）1114 页。

其他刑务所……已经超出了自由裁量的范围，影响到了拘禁法律关系……虽然于服刑人员而言，《日本国宪法》第 22 条规定的居所自由受到限制，但是绝不意味着服刑人员与社会绝对隔离，服刑人员被拘禁在刑务所就意味着其居所确定了下来其服刑监狱的频繁变更会影响到其会见、通信的权利，因此，移送处分违法。"[1]虽然类似案例也有被驳回起诉的，[2]但至少该问题在日本已经引起了关注。[3]

第二，处遇内容的不同。首先，在矫正处遇内容方面，两国服刑人员的具体权利义务不同。日本《刑事收容设施法》对矫正处遇的内容进行了明确规定，即刑务作业、改善指导、教科指导。根据《中国监狱法》规定，毫无疑问强制劳动、教育都属于矫正处遇的内容。但第 47 条规定，如果行刑方发现服刑人员的通信内容影响其改造，则可以把信件扣留，但具体什么情形下属于影响服刑人员的改造，《中国监狱法》中却没有进一步具体规定。通信权本应属于权利性内容，根据该规定受到矫正处遇限制的空间却很大。另外，除矫正处遇之外，其他具体权利义务的内容也不相同。日本《刑事收容设施法》从给养、医疗卫生、宗教行为、书籍阅读、对外交流等方面对服刑人员的权利义务以及行刑方的相关权限进行了详细规定。《中国监狱法》第 7 条明第 1 款确规定了服刑人员"人身安全、合法财产和辩护、申诉、控告、检举以及其他未被依法剥夺或者限制的权利不受侵犯。"但是，由于相关内容规定得比较简略，在具体适用的时候甚至需要参照《中国监狱法》之前制定的《监狱、劳改队管教工作细则》等。即使这样，这些规定仍然不够应对全面依法治国背景下的工作需要，比如服刑人员与律师的会见、自费购买书籍、挂号就医、嗜好品的购买，这些都缺少具体的法律规定，成为推进依法治监进程中亟待解决的问题。

第三，为维持监狱纪律秩序，对服刑人员适用惩罚、处分及制止措施时，在是否充分认识到比例原则方面有所不同。在日本，关于维持监狱纪律秩序措施的适用，《刑事收容设施法》明确规定了比例原则。与此相应，在规定具

---

〔1〕 千葉地方裁判所判决/昭和 35・4・14『行政事件判例集』11 卷 4 号（1960 年）1114 頁。

〔2〕 広島地方裁判所判决/昭和 46・12・21『訟務月報』卷 6 号（1969 年）962 頁。

〔3〕 菊田幸一：『受刑者の法的権利』（三省堂，2016 年）32-33 頁、千葉地方裁判所判决/昭和 35・4・14『行政事件判例集』11 卷 4 号（1960 年）1114 頁。

体的措施时，将比例原则进行了具体化规定。例如，在遵守事项中，明确规定了遵守事项的范围，将对服刑人员的限制规定在最小且必要的限度内。又如，在有关服刑人员身体检查的条文中，明确规定了检查的根据、主体、界限等。再如，在有关隔离及保护室的使用的条文中，明确规定了采取这些措施的要件、限度、期间以及必须充分考虑服刑人员的健康状态等内容。在比例原则之下不仅明确了服刑人员的义务范围，也限制了行刑方恣意行使自由裁量权的可能。与日本不同，《中国监狱法》中对比例原则的体现较少。《中国监狱法》虽然规定了戒具、武器的使用、记过、警告、关禁闭等惩罚措施，但是这些规定却很简单，尤其是适用要件存在一些抽象、不够明确的情形。例如，《中国监狱法》第 45 条关于可以使用戒具的情形中有这样的规定"罪犯有其他危险行为需要采取防范措施的"，对于什么样的行为是危险行为法律中却没有明确规定。又如，《中国监狱法》依据第 58 条规定"有违反监规纪律的其他行为的"可以给予服刑人员警告、记过或者禁闭，但这里的"监规纪律"是什么，是监狱制定的还是全国范围内统一的，其范围并不明确，这为监狱机关行使自由裁量权留下了很大的空间。

　　第四，服刑人员权利救济的具体规定不同。在日本，服刑人员对行刑方的自由裁量有异议时，在一定条件下可以通过诉讼的方式寻求救济。即，在行刑过程中，当服刑人员的权利受到来自行刑方的侵害时，在满足诉讼条件的情形下，其可以通过行政诉讼或者民事诉讼的方式，寻求权利救济以及国家赔偿。但是，由于程序上的限制，与行政救济相比，提起诉讼并非易事。因此，《刑事收容设施法》中规定了比较完善的行政救济措施。与日本不同，我国服刑人员对行刑方的自由裁量有异议的情况下，一般是不能通过诉讼的方式寻求救济的。1996 年的"徐其才诉江苏省监狱管理局案"被认为是我国行刑行政诉讼的第一案，[1]该案判决认为行刑方的自由裁量属于司法行政行为，不是具体行政行为，驳回了徐其才的诉讼请求。[2]该案判决对之后的实务产生了深远的影响，笔者在北大法宝上几乎没有找到类似的案例。作为例

---

〔1〕　参见赵运恒：《罪犯权利保障论》，法律出版社 2008 年版，第 94 页。

〔2〕　参见江苏省南京市通州区人民法院行政判决书，（1996）通行终字第 83 号。

外，当服刑人员的人身权利因行刑方的自由裁量或者不作为受到侵害，导致刑事案件或者重大行政违法事件的情形下，其可以才通过诉讼的方式寻求救济。根据《中国监狱法》规定，当服刑人员对行刑方的自由裁量有异议时，只能通过控告、检举的方式进行救济。的确，在我国服刑人员权利救济制度不断完善的过程中，检察监督发挥了很大的作用，但是该监督也只是以检察建议、检察意见的方式进行，充其量只是对行政救济内部制度的完善，与权利救济的司法化有着本质的差别。

第四节　日本的行刑法治化路径对我国的启示

通过对日本行刑法治化路径的梳理，以及中日行刑法治化背景下服刑人员权利义务的比较，可以看出日本的行刑并未完全达到正当程序关系论下的标准，仍处于实现正当程序关系的探索期。但这并不影响在理论路径上正当程序关系论的价值。其不仅能够将行刑与法治、行刑的法的一面与政策的一面很好地结合起来，并且能够实质上促进行刑法治化。之所以这样说，是因为其具有以下三方面的优势。

第一，正当程序关系论将宪法上的尊重人权原则与正当程序理论结合了起来。在正当程序关系论看来，尊重人权原则同样对服刑人员适用。即，服刑人员的权利同样应该受到最大限度的保护。[1]并且，对于服刑人员与国家的关系，亦必须在正当程序之下理解。这样的理论路径在我国依宪治国依法治国的背景下有适用空间。《中华人民共和国宪法》第 33 条第 3 款明确规定"国家尊重和保障人权"为服刑人员的权利同样应受到最大限度的保护提供了根本依据。第 37 条第 2 款和第 3 款规定"任何公民，非经人民检察院批准或者决定或者人民法院决定，并由公安机关执行，不受逮捕。禁止非法拘禁和以其他方法非法剥夺或者限制公民的人身自由，禁止非法搜查公民的身体"，亦能够为从正当程序出发处理服刑人员与国家之间的关系提供依据。

---

〔1〕　宫崎繁樹＝五十嵐二葉＝福田雅章『国際人權基準による刑事手続ハンドブック』（青峰社，1991 年）330 頁。

第二，正当程序关系论强调国家刑罚权的行使过程由立法、司法、行刑组成，同样，行刑过程也应如立法、司法中所强调的那样，在尊重人权和正当程序之下进行。国家刑罚权的行使不仅包括制定刑法等法律的立法过程、适用刑法定罪量刑的司法过程，也包括实现国家刑罚权的行刑——在实现国家刑罚权上处于实质上最重要环节的过程。因此，与立法上的"无罪推定"、司法上的"罪刑法定"一样，在行刑阶段"行刑法定"亦必不可少，即必须在法律上明确服刑人员的权利义务和行刑方的权限。

第三，正当程序关系论能够将法律论和处遇论、行刑理念和行刑实务从理论上结合起来。根据正当程序关系论，为了保障人权，国家对于保障服刑人员未被限制的权利负有积极义务，即为了实现自由刑纯化（严格限制自由刑的内容）、行刑社会化（为了保障服刑人员未被自由刑限制的权利，国家应当采取特殊的政策和保障措施）以及监狱纪律秩序的维持必须将对服刑人员的权利限制限定在必要且最小范围内。

因此，本书以正当程序关系论为基准，参照中日服刑人员具体权利义务的比较、尤其是日本行刑法治化的经验、教训，为我国行刑法治化的进一步完善得出以下五点启示。

一、加强"行刑不是宪法、法治之例外"的认识

在我国特殊历史时期，正如 1954 年 9 月 23 日，周恩来在第一届全国人民代表大会第一次会议上的政府工作报告中所指出的那样，监狱行刑作为劳动改造是消灭反革命的重要手段之一。[1]在处理相关问题时，很多时候是将服刑人员放在"敌我矛盾"之中。[2]特别是"文化大革命"时期，法律虚无主义盛行，法治遭到严重破坏，[3]部分劳改场所受到严重的冲击。[4]改革开放

---

〔1〕　参见司法部劳改局编：《毛泽东等老一辈革命家论改造罪犯工作》，法律出版社 1993 年版，第 21 页。

〔2〕　参见毛泽东：《关于正确处理人民内部矛盾的问题（之一）》，载《人民日报》1957 年 6 月 18 日，第 1 版；余欣喜：《论犯罪与两类矛盾》，载《青海社会科学》1990 年第 5 期。

〔3〕　参见蒋传光：《习近平法治思想的核心内容》，载《学习与探索》2021 年第 1 期。

〔4〕　参见孙晓雾：《中国劳动改造制度的理论与实践——历史与现实》，中国政法大学出版社 1994 年版，第 28 页。

之后，原来的认识逐渐改变，随着法律制度的健全，行刑活动迈向法治化轨道，但为维持监狱纪律秩序，我国的行刑依然体现出浓厚管控的特征。如上所述，在进一步推进我国行刑法治化的过程中，必须在"自由刑纯化论"之下力求"行刑纯化"。因此，既要避免像日本特别权利关系论下由恣意裁量导致的过度管控，又要避免像日本《监狱法》时代那样过度地将文化、道德因素考虑到行刑之中。让行刑回归到"行刑"本身的价值，将刑事执行权放在行政权的范畴考量，[1]将行刑作为行政活动对待，在其过程中确立、贯彻"依法行政、依法行刑"的原则。另外，关于行刑、服刑人员权利义务和行刑方权限的讨论，也都应该从宪法、行政法、刑事法的视角出发展开"法治化"的研究。在此意义上的"行刑纯化"应当作为我国行刑法治化的起点。

二、肯定服刑人员也适用"人权推定"这一前提

从劳动改造时代以来行刑的变化来看，我国服刑人员的法律地位变化经历了"惩罚改造的对象"[2]、"特殊的公民"[3]到"列举的权利主体"。其中都是以服刑人员遭受刑罚而导致权利被严格限制或者丧失为前提的。"特别权力关系"之下的日本更甚，即服刑人员只要受到刑罚，其人权就当然丧失，日本也因此受到了血的教训，如2003年震惊日本全国的名古屋刑务所工作人员惩罚服刑人员致死事件。[4]可以说这一前提不仅违反了法治主义中的保留原则也违反了正当程序关系论中人权推定的原理，更容易对行刑实务产生负面影响。从日本的经验教训可以看出，要推动行刑的法治化就要改变这一前提。当然，正如保留原则、尊重人权精神所要求的那样，即使是服刑人员也应当是权利享有的主体，其只不过是因为犯罪受到刑罚，在服刑过程中作为刑罚效果的体现，权利受到一定的限制与剥夺。在此意义上与其说其为"列

---

〔1〕 参见冯殿美、侯艳芳：《刑事执行权及其制约》，载《河南社会科学》2005年第1期。

〔2〕 李步云、徐炳：《论我国罪犯的法律地位》，载《人民日报》1979年10月31日。

〔3〕 唐琮瑶：《犯人是不是公民?》，载周明东等选编：《劳动改造法学概论参考资料》，中央广播电视大学出版社1987年版，第167页；康立群：《公民身份观念是公民意识的基础》，载《河北法学》1989年第2期。

〔4〕 冈上雅美「名古屋刑務所事件その後——革手錠事件に関する名古屋地判2007年3月30日を契機として」『法学セミナー』第52卷第7号7-10頁。

举的权利主体"倒不如说是"列举的义务主体",从法治主义与尊重、保护人权的宪法精神出发,于服刑人员而言,除了要承担作为犯罪、刑罚效果的义务之外,其当然享有所有的权利。以此为前提,作为刑罚效果的义务边界在哪里,应最大限度地由法律规定,在法律无论如何都触及不到的领域,可以参照诸利益衡量标准。

三、确立"行刑法定"原则

行刑尤其是自由刑执行是国家刑罚权行使的实质环节。正如正当程序关系论所示的那样,近代以后,国家在行使刑罚权时必须要满足正当程序的要求。[1]因此,在制定刑法等法律的立法阶段要确立罪刑法定原则,在法律实施的司法阶段要遵守无罪推定原则。同样作为国家刑罚权实施的一环,且最重要的实质环节的行刑领域目前还没有确立相应的原则。为实现行刑的法治化,在行刑阶段,确立与"罪刑法定""无罪推定"相匹敌的"行刑法定"原则是必不可少的。日本为什么到21世纪还会发生名古屋事件那样的恶性监狱凌虐?就是因为《监狱法》时代并没有实现依法治监而是将刑罚执行、监狱管理概括性地交给了行刑机关的自由裁量。因此,在行刑法定原则和依法治监的目标之下,应当通过制定法律最大限度地将刑罚的内容、执行的细节、服刑人员的义务、行刑方的权限予以明示,且要求行刑方以此为根据进行行刑。由于监狱的特殊性,面对专门性、现场性、突发性的情形,法律无论如何都触及不到时,要在允许司法审查的前提下准许行刑方进行自由裁量。但为了避免这种自由裁量的恣意性,要允许司法机关对行刑方的裁量适当与否进行审查,当然这种审查也应当遵循比例原则,尽量在诸利益衡量的基准下进行、尽量满足"行刑法定"的要求,并在法律之下确立明确的裁量、审查基准。

---

〔1〕 福田雅章『日本の社会文化構造と人権:「仕組まれた自由」なかの安楽死・死刑・受刑者・少年法・オウム・子どモ問題』(明石書店,2002 年) 169–173 頁。

四、实施"自由刑纯化"和"行刑社会化"

即使确立了行刑法定原则，行刑也不是就立刻满足了宪法上的程序要求，达到了法治化的目标。从尊重人权的精神出发，法律规定的行刑内容需要满足合目的性的最小必要限度。如正当程序关系论所示，行刑关系包括"拘禁关系""处遇关系""秩序关系"。对于拘禁关系，应该从刑法本来的目的报应和预防看待，以宪法上的尊重人权和正当程序理念为出发点，将其内容限定在必要限度内，达到服刑人员不从监狱逃走的程度即可。对于处遇关系，在其之下开展的矫正、教育、社会复归处遇是否真的科学有效、被法律所允许以及这些措施是否可以强制实施。[1]既需要在科学角度亦需要在法学角度进行审查、思考。只有这些措施科学上是有效且被法律所允许时才可以实施。对于秩序关系，因为其本来的目的就是维护监狱的共同生活和共同活动，因此应在此目的之下实施相应的措施，将过剩限制服刑人员权利的措施排除出去。但是，无论日本还是我国在属于"矫正·改善·社会复归"的处遇关系领域，处遇作为服刑人员义务的现象依然存在。因此也导致了惩罚与处遇的界限、义务与权利的界限不是足够明确。为实现行刑的法治化，对此展开进一步的纯化是必要的。另外，在自由刑纯化之后，从理论上来说，很多权利是服刑人员本来所拥有的。但是由于其在监狱等场所服刑，事实上这些权利实现起来是非常困难的，为了解决这一困境推进服刑人员权利真正的实现，"行刑社会化"是必不可少的。在我国这样的意识还需进一步提升，比如，一些情形看似是促进行刑社会化的措施，与其说是为了实现服刑人员的权利，倒不如说是为了达到改造、矫正的效果。

同时，在自由刑纯化和行刑社会化过程中，在刑事政策上也要注意平衡社会公平，警惕监狱福祉化过剩。避免出现日本那样服刑人员比一般社会人员过得更舒服的现象。[2]服刑人员虽然不能完全受制于"劣等原则"，[3]但也不能超越一般民众。如果监狱沦为福祉机构，高墙内的人反而比社会上的

---

〔1〕 参见彭文华：《刑罚的分配正义与刑罚制度体系化》，载《中外法学》2021 年第 5 期。

〔2〕 倉茂由美子「高齢化『リハビリ』も刑務作業」『読売新聞』2021 年 6 月 18 日。

〔3〕 参见王云海：《监狱行刑的法理》，中国人民大学出版社 2010 年版，第 64 页。

人生活得更好更轻松，那无疑会削弱刑罚的意义。

五、扩大对行刑本身的司法审查和救济

为了实现行刑的法治化，司法审判机关的介入是必不可少的。正如本书所示，在日本，当服刑人员对行刑机关的自由裁量有异议时，必须穷尽"审查的申请"、"再审查的申请"以及"事实申告"这三种行政机关内部救济方式之后，才可以向裁判所提起诉讼寻求救济。至少在理论和现实上，其对于行刑机关的自由裁量有异议时是可以通过诉讼寻求救济的。与此相对，在我国只有服刑人员的人身权利因行刑机关的自由裁量或不作为而遭受侵害，形成重大行政违法案件或者刑事案件时，服刑人员才可以通过诉讼的方式寻求救济，对于行刑内容本身不可以通过诉讼的方式寻求救济。当其对于行刑内容本身或过程有异议时，只能向行政机关内部或者负有行刑监督义务的检察机关控告、检举。对于行刑内容本身司法审判机关事实上是不能介入的。除重大行政违法案件、刑事案件之外，行刑内容本身是作为司法行政行为完全独立于司法审查和救济的。但是，由于行政内部的救济具有其局限性，[1]如若不允许司法审查和救济，服刑人员的权利难免会在遭到侵害时得不到充分的救济。因此，实现行刑司法化，扩大服刑人员行刑诉讼的范围，让行刑的内容本身成为司法审查和救济的对象，是我国行刑法治化进程中所必不可少的议题。

---

[1]　参见刘崇亮：《制度性需求下〈监狱法〉修改研究》，中国法制出版社2018年版，第167页。

中日新近自由刑改革的比较

第一节　日本自由刑改革的考察

近代以来，日本的自由刑改革处于不断探索、发展与完善之中。其致力于向欧美看齐的同时，在自由刑改革的道路上不断尝试探索。作为与我国一衣带水、同属东亚文化圈的国家，值得将其作为样本进行比较分析。另一方面，日本的自由刑改革整体上是立足于其法治化过程中所产生的监狱行刑法律关系而展开的。对日本新近自由刑改革的研究与梳理，对于检视其监狱行刑关系亦必不可少。

一、自由刑二分阶段

《日本刑法典》中没有明确规定自由刑的概念，但其通说采取狭义的自由刑概念。[1]即自由刑是以剥夺或者限制犯罪人人身自由为重要内容的刑罚。日本自由刑的发展变化可以分为两个阶段：一是自由刑二分阶段；二是自由刑单一化阶段。日本的自由刑从明治时代开始就有了二分。根据《日本刑法

---

[1]　松宮孝明「今日における刑罰の体系と刑罰論についての覚え書き」浅田和茂など編集『刑事法学の系譜』（信山社，2022 年）66 頁、土井政和「自由刑の純化と刑務作業」本庄武＝武内謙治編著『刑罰制度改革の前に考えておくべきこと』（日本評論社，2017 年）17 頁以下、大越義久『刑罰論序説』（有斐閣，2008 年）114 頁。

典》第 9 条规定，自由刑分为惩役和禁锢。所谓惩役是指将服刑人员拘禁于监狱，强制服刑人员参加劳动。禁锢则是指将服刑人员拘禁于监狱内，剥夺其自由，被判处禁锢刑的服刑人员可以自愿参加劳动也可以不参加。惩役与禁锢虽然刑期都是一样的，但是二者适用的对象却不一样，禁锢适用于国事犯罪、过失犯罪，惩役适用于国事、过失犯罪之外的其他犯罪。之所以要进行如此区分，是因为明治时代制定《日本刑法典》时认为犯罪应当从道德角度区分为"非破廉耻犯罪"和"破廉耻犯罪"，国事犯罪、过失犯罪被认为不是为了自己的利益或者没有主观恶意的犯罪，被称为非破廉耻犯罪，而为了自己的利益或者有主观恶意的犯罪则被称为破廉耻犯罪。[1]加之当时从事诸如开矿、修建铁路、水利工程这些辛苦工种的劳动被认为是耻辱的事情，日本为了对破廉耻犯罪和非破廉耻犯罪予以区别对待，对破廉耻犯罪适用伴有强制苦役的惩役刑，对非破廉耻犯罪则适用没有强制苦役的禁锢刑。

二、日本战后自由刑单一化的理论基础

第二次世界大战结束之后，随着日本法治建设的进步、处遇理念的发展，日本学界认为刑罚制度应从法治主义精神展开，道德、文化因素不应该过度介入。由此，产生了关于自由刑单一化的争论。不过，关于如何进行自由刑单一化大家的意见并不统一。

（一）从"改善更生论"主张惩役刑单一化

从第二次世界大战结束之后到 20 世纪 70 年代中后期，惩役刑单一化在日本占有利地位。支撑惩役刑单一化的理论是改善更生论。[2]改善更生论起源于 19 世纪 70 年代的美国，第二次世界大战后对日本的行刑产生了深刻的影响。所谓改善更生论是指从医学的视角看待犯罪，试图通过医学的手段治愈、矫正服刑人员。改善更生论认为服刑人员和病人一样，病人是可以被医

---

〔1〕　川出敏裕「自由刑における矯正処遇の法的位置づけについて」『刑政』127 巻 4 号（2016 年）20 頁、石原明＝平野龍一『刑法総論』（有斐閣，1972 年）31 頁参考。

〔2〕　正木亮「ツヴィエト・ロシアの改善労働法について」正木亮『行刑上の諸問題』（有斐閣，1970 年）15 頁。

治的，服刑人员也是能够被矫治成为符合一般社会基准要求的守法公民。因此，通过运用精神科学、行为科学的知识矫治服刑人员可以达到再犯预防的目的。因此，矫正处遇在日本的行刑中占有非常重要的地位，其目的是将服刑人员矫治成不再危害社会的人、塑造成为合格的社会人。从改善更生的方法上，改善更生论则强调矫治的强制性，主张权利的限制与义务的赋予均包含在了刑罚之中，因此，行刑过程中强制服刑人员参加劳动、通过劳动使服刑人员接受符合一般社会要求的价值观念、并且在矫正处遇项目开展过程中，对违反纪律、秩序的行为要进行处罚。[1]在这种模式之下，行刑过程中服刑人员的主体地位并不重要，而是根据服刑人员的改造表现，由行刑机关决定其权利的赋予与剥夺。

明治时代以来，作为矫正处遇项目的内容包括强制劳动以及心理治疗、知识教育、改善指导等。但是，由于当时法律明确规定的义务性内容只有强制劳动。因此，在服刑人员的矫治中，强制性的刑务作业被寄予了很大的期待。这种期待不仅包括再犯的预防也包括再犯预防之外的社会文化目的。日本是一个以秩序为重的社会，其中维持秩序的一个重要因素就是服从精神。那么为了便于监狱的管理以及服刑人员顺利复归社会，在行刑中也就有了这样的社会文化目的——通过强制劳动让服刑人员养成适应日本社会的服从精神，使之成为一个合格的社会人。例如，在行刑实务中，通常会强调劳动的目的是培养服刑人员的忍耐心和注意力；在劳动过程中不允许服刑人员之间有任何的目光交流、甚至进出劳动场所都要进行裸体检查。[2]这样做不仅仅是为了维护监狱的纪律秩序，也是为了培养符合日本社会期待的服从精神，使服刑人员复归社会之后不再做出违法犯罪的行为。可以说这一时期的自由刑单一化是以刑务作业为重心的惩役刑单一化。

---

〔1〕 川出敏裕「自由刑における矯正処遇の法的位置づけについて」『刑政』127 卷 4 号（2016年）17 頁、松宮孝明「『自由刑の単一化』と刑罰目的・行刑目的」『法律時報』89 卷 4 号（2017年）82 頁。

〔2〕 赤池一将「『懲罰』を語りずに『規律』を語るために」本庄武＝武内謙治編著『刑罰制度改革の前に考えておくべきこと』（日本評論社，2017 年）64 頁。

（二）从"自由刑纯化论"主张"禁锢刑单一化"

在 20 世纪 70 年代中后期，自由刑纯化论兴起。自由刑纯化论者认为传统的自由刑实际上同时包含了生命刑、身体刑、名誉刑、财产刑和家族刑的效果，是一种刑罚的复合体，极不合理。[1]应当把自由刑的内容完全限制在对服刑人员行动自由的限制上，亦即仅仅将服刑人员的身体拘禁在监狱等设施内，除此之外服刑人员与其他人一样享有权利，可以进行同样的活动。[2]自由刑纯化论并不否定对服刑人员的矫治，而是主张在实施矫正处遇项目时，应将对服刑人员自由的剥夺或限制降到最低程度，在保证服刑人员不逃跑的前提之下赋予服刑人员最大限度的自由活动权。

但是，受西方人权思潮的影响，改善更生论不断受到质疑，在这种背景下，正义模式论对日本自由刑纯化论的发展产生了重要影响。正义模式论的理论重点之一是对"复归社会式行刑"的不信任与批判，主张"矫治无用论"，尤其否定矫正处遇措施的强制性。该理论认为人类至今为止还没有能力找出犯罪原因，也没有能力矫正服刑人员，矫治和社会复归不但没有任何科学根据，反而给予了行刑官很大的裁量权，使他们肆意行使这些权力并且造成服刑人员之间的不公平。[3]因此，所谓刑罚执行只是生效判决中的拘禁执行，而非服刑人员的改善更生，行刑机关无需对服刑人员的社会复归负责。[4]刑罚执行的内容应仅仅限定在对服刑人员移动自由的限制，对于服刑人员其他权利则不能限制与剥夺，而矫正处遇是为了积极促进服刑人员回归社会，属于必须尊重服刑人员意愿的社会性权利范畴。当服刑人员没有改过自新的意愿，行刑机关就不能强行介入。

另外，在自由刑纯化论之下，惩役刑将监狱劳动作为惩罚性内容的做法遭到了批判。首先，从宪法层面，一直以来强制劳动废除论认为将监狱劳动

---

〔1〕 武内謙治=本庄武『刑事政策学』（日本評論社，2019 年）102 頁。

〔2〕 土井政和「犯罪者援助と社会復帰行刑（一）」『九大法学』第 47 号（1984 年）72–73 頁。

〔3〕 福田雅章『日本の社会文化構造と人権：「仕組まれた自由」なかの安楽死・死刑・受刑者・少年法・オウム・子ども問題』（明石書店，2002 年）114 頁参考。

〔4〕 福田雅章『日本の社会文化構造と人権：「仕組まれた自由」なかの安楽死・死刑・受刑者・少年法・オウム・子ども問題』（明石書店，2002 年）115 頁。

作为刑法上的义务是对《日本国宪法》第 27 条所规定的劳动内容的歧视，与宪法规范相抵触。另外，《刑事收容设施法》明确地将刑务作业规定为矫正处遇的内容之后，也使得将强制劳动从惩役刑中去除的呼声越来越强。可以说，自由刑纯化论之下禁锢刑单一化成为一种必然趋势。

（三）惩役刑单一化与禁锢刑单一化的折中

禁锢刑单一化的思路虽然对于服刑人员的权利保障具有积极意义，但是日本社会和学界一直以来的主流观点认为行刑的目的是促进服刑人员的改善更生，[1]不少人认为正义模式论过于偏激，尤其是正义模式论否定服刑人员社会复归的思路与日本一直以来的行刑实务相背离。[2]2000 年日本《少年法》修改之后，为日本的自由刑单一化改革提供了一种折中思路。

2000 年，日本修改了《少年法》，其中规定被判处惩役或者禁锢刑的未满 16 周岁的未成年人的刑罚执行不在监狱而是在少年院。同时，考虑到少年犯的特殊性要进行强制矫正教育。《少年法》的修改带来的变化是，对于被判处惩役刑的服刑人员不再像以前那样一定要通过强制劳动进行改造，除此之外，还可以通过矫正教育进行改造。因此，《少年法》的修改使得惩役刑与刑务作业产生了分离可能，惩役刑之下不再是一律的强制性的刑务作业。

为《少年法》的修改提供理论基础之一的是"国亲思想"。亦即对于有不良行为的未成年人，国家除科处刑罚之外，还可以实施监护等措施。在以"复归社会"为行刑目的之一的日本，国亲思想也被适用在了监狱行刑领域，法学家及裁判所以"国亲思想"为根据解释为什么监狱要花费大量的人力、物力以及财力对服刑人员进行矫治，以及国家为什么能够对服刑人员进行强制性的矫正处遇措施。同时，学者还主张根据国亲思想国家可以像父母或者监护人一样对服刑人员进行区别对待。[3]在此思路之下，对服刑人员的刑罚执行不只是将其关进监狱，也不只是限定在每天 8 小时的劳动，而是以更灵

---

〔1〕 石塚伸一「教育的処遇（矯正処遇）——被収容者の処遇改革の歴史と主体性の確立」本庄武＝武内謙治編著『刑罰制度改革の前に考えておくべきこと』（日本評論社，2017 年）43 頁。

〔2〕 鴨下守孝『全訂新行刑法要論』（東京法令出版社，2006 年）371 頁。

〔3〕 福田雅章『日本の社会文化構造と人権：「仕組まれた自由」なかの安楽死・死刑・受刑者・少年法・オウム・子ども問題』（明石書店，2002 年）56 頁。

活的处遇对服刑人员进行矫正，当刑务作业对服刑人员的矫正有用时，则可以强制服刑人员从事刑务作业，当刑务作业无用时则可以选择其他有效的强制处遇内容。

如此带来的结果是作为惩役、禁锢共同内容的拘禁不再局限于对服刑人员往特定场所（监狱、少年院等）的收容，而是还包含了促进服刑人员改善更生、复归社会的处遇。并且根据国亲思想，为了达到行刑的目的，行刑机关对服刑人员能够进行强制矫正处遇。实际上，2005 年制定的《刑事收容设施法》规定的三项矫正处遇内容——刑务作业、教科指导、改善指导全部是强制性的。至 2022 年 6 月 13 日，日本参议会全体会议表决通过了修改现行刑法的议案，其中在对现行《日本刑法典》第 9 条的内容进行修改的基础上创设了 "拘禁刑"，并于三年后生效。那么，到 2025 年本次修法生效之后，惩役和禁锢将合二为一统称为拘禁刑，被判处拘禁刑的服刑人员依然是在监狱服刑，只不过行刑机关不能再对服刑人员实施像惩役刑那样一律性的强制劳动，当然也不会像禁锢刑服刑人员那样完全没有参加劳动的义务，服刑人员接受何种处遇、是否参加劳动，是由刑务官进行自由裁量。日本本次拘禁刑的创设正是遵循了 2000 年《少年法》修改时的折中思路。

三、日本自由刑单一化的评价与反思

从日本的自由刑单一化改革历程可以看出，其之所以能够创设拘禁刑，受 2000 年之后《少年法》的修改以及《刑事收容设施法》的制定影响很大。除此之外，最直接的现实原因是监狱老龄化的上升，再犯率居高不下。监狱老龄化加剧导致了强制性的刑务作业在矫正中的无效，因为大多老年服刑人员已经丧失劳动能力，并且出狱后也不会再从事劳动工作，对这些人进行强制劳动，不论是在提升他们的劳动欲望还是培养职业知识、技能方面都是非常困难并且没有实际意义的。可以说此次日本自由刑改革的目的之一在于提升改造的有效性、科学性。

（一）刑务作业由强制性向裁量性转变，内容更加灵活多样

从时代变化上来看，日本的刑务作业经历了由强制性、震慑性的惩罚内

容到促进服刑人员改善更生、复归社会的处遇内容再到为行刑福祉服务的变化。这种变化大致可以划分为三个时间段：从 1908 年《监狱法》实施后至 20 世纪 40 年代末期；从 20 世纪 50 年代至 20 世纪末；从 21 世纪末至今。

在《监狱法》实施之后到 20 世纪 40 年代末期，日本的刑务作业具有明显的惩罚性和榨取性。这一时期日本的监狱行刑关系受特别权力关系理论的支配，行刑机关与服刑人员之间完全处于支配与被支配的关系之中，服刑人员参加何种刑务作业、如何参加刑务作业一切都由行刑机关决定。同时，作为这一时期行刑根据的《监狱法》明确规定，刑务作业的内容必须是经济性、生产性的内容，服刑人员参加刑务作业的创收也是监狱财政的重要来源。所以，服刑人员会被强制参与一些比较艰苦的一般人不愿意参加的劳动，如开采矿山、修建铁路、河道等。日本的行刑企图通过强制苦役方式达到震慑、防止再犯的目的。

20 世纪 50 年代之后，特别权力关系论受到修正与否定。服刑人员的权利开始受到重视，行刑的目的更加强调服刑人员的改善更生以及复归社会。原有的纯粹以经济、生产目的为重心的刑务作业逐渐被包含职业训练内容、能够促进服刑人员积极复归社会的矫正性刑务作业所取代。刑务作业在兼顾经济性、有用性的同时也尽可能地为服刑人员的矫正教育、能力提升服务。[1]

进入 21 世纪，由于监狱老龄化的加剧，刑务作业更加具有弹性，不再局限于传统意义上的经济性、生产性的活动，比如参加打扫监室卫生、照顾高龄服刑人员甚至剪纸消磨时间都属于刑务作业的内容。[2]可以说，此次日本自由刑改革使得刑务作业不再具有强制性，而是成为裁量性内容。

（二）更加尊重服刑人员的权利和福利，将进一步实现矫正处遇的个别化

拘禁刑的创设改变了日本一直以来以惩役刑为中心、以监狱劳动为重点处遇内容的做法。行刑机关在对服刑人员进行矫治时不再将刑务作业作为必要的义务性内容，而是更加关注服刑人员的主体性和权利性。这意味着 2025 年拘禁刑生效之后，监狱在针对服刑人员制定处遇计划时，不再像以前那样

---

〔1〕 王雲海『「刑務作業」の比較研究：中国、米国、日本』（信山社，2001 年）157 頁。
〔2〕 倉茂由美子「高齢化『ハリビリ』も刑務作業」『読売新聞』2021 年 6 月 18 日。

出于社会文化目的或者监狱纪律秩序维持的目的来考量，而是把服刑人员的主观意愿和适应能力作为重要考量因素，以真正达到唤醒服刑人员改过自新的愿望和培养服刑人员复归社会后适应社会生活能力的目的。

在这种改变之下，服刑人员处遇内容中的刑务作业将不再是一律性的而是裁量性的，服刑人员不需要每天必须有八小时都在参加刑务作业中度过，而是根据各自不同的特点和需求参与处遇项目。如此不仅有利于矫正处遇资源的有效利用，而且有助于提升矫正处遇的效果，给予服刑人员作为个人主体更大的权利空间。

（三）将从老龄监狱迈向福祉监狱

拘禁刑生效之后，刑务作业在立法上由强制性惩罚转变为更具有弹性的改造。老年人、未成年人、残疾人等不适合或者不愿意参加刑务作业的人则可以不参加，而参与其他对改善更生、复归社会更具有实际意义的矫正处遇项目，比如对于服刑人员来说更轻松却需要国家投入更多资金支持但并不能为监狱创造任何经济价值的改善指导、教育指导项目。另一方面，能够为行刑机关创造经济价值的刑务作业被其他矫正处遇项目取代，意味着国家需要投入更多财政资金来支持监狱的行刑活动，监狱的自给性进一步削弱，福利性进一步增强。

如此带来的后果是导致一部分服刑人员在监狱直接"躺平"——不参加刑务作业也消极对待其他矫正处遇活动，可能会产生与改过自新相背离的后果。例如，日本经常会出现这样的新闻报道——贫困的老年人为了进监狱养老去盗窃，理由就是监狱的生活水平比其在社会上更好更有保障。[1]这也在提醒着人们，监狱如果过度福利化，对于再犯的预防是非常不利的，例如，根据日本2019年公布的《犯罪白书》调查数据显示，在2820名出狱的老年犯中盗窃犯有1423人，占总人数比的50%以上，犯罪者的再犯率在出狱第一年达13.9%、在出狱第二年达35.1%、出狱五年之内竟高达70%以上。

---

〔1〕仲野徹「被害額54円…『万引き老人』の悲しすぎる現実」『東洋経済』（2016年）、清永聡「老いる受刑者、変わる刑務所」『時論公論』（2017年）。

（四）福祉不均导致服刑人员法律地位不平等

服刑人员法律地位平等最直接的含义就是相同的人在法律上受到平等的对待。这也就意味着必须将法治主义原则贯彻其中。拘禁刑生效后，服刑人员是否参加劳动以及参加什么样的劳动和矫正处遇项目都是根据其主观意愿和适应能力决定的。这也就意味着在制定改造计划时行刑官需要对服刑人员的主观意愿和适应能力进行判断。但是，不论在立法上还是在实践中对此并没有一个统一、客观的裁量标准。行刑官只能根据主观判断来决定是否强制服刑人员参加劳动、强制服刑人员参加体力劳动还是消磨时间的形式劳动。因为裁量带有很强的主观性，难以避免行刑官会根据个人喜好制定矫正处遇计划。这样就容易导致相同情况的服刑人员受到不同的对待，有人被强制劳动做体力活，有人却可以在监狱"躺平"消磨时光。相同的犯罪、甚至相同的刑期享受的福利待遇却不均衡，进而导致法律地位的不平等，使得服刑人员对监狱行刑的活动内容产生怀疑。因此，预计2025年拘禁刑生效之后，日本的行刑诉讼数量会大增。

第二节　我国当前自由刑改革的考察

与日本一样，我国刑法中也没有明确规定自由刑的概念、范畴，但我国通说采取的是广义自由刑的概念，即倾向于从自由概念本身的状态去思考和看待自由刑。[1]与日本以自由刑单一化为中心的自由刑改革不同，我国近年来的自由刑改革是围绕着行刑社会化展开的，代表性成果是2020年《社区矫正法》的颁布实施。

一、我国自由刑设置的现状及新近变化

一般认为，我国的自由刑包括管制、拘役、有期徒刑、无期徒刑四种。其中有期徒刑和无期徒刑是剥夺自由刑，服刑人员通常在监狱服刑，并且有

---

〔1〕 参见马克昌主编：《刑罚通论》，武汉大学出版社1999年版，第125页；敦宁：《自由刑改革的中国路径》，人民出版社2014年版，第3页。

劳动能力者都应当参加劳动和接受教育改造。拘役是短期剥夺自由刑，由公安机关就近执行，犯罪人没有接受劳动的义务。管制是限制自由刑，其不像徒刑和拘役一样，通过将服刑人员关押在特定的刑罚执行场所或设施内来剥夺其人身自由。其中值得注意的是管制刑相关的法律变化：第一，根据 1997 年《中华人民共和国刑法》和 1996 年《中华人民共和国刑事诉讼法》原来的规定，被判处管制的罪犯由公安机关执行；而 2011 年的《中华人民共和国刑法修正案（八）》和 2012 年的《中华人民共和国刑事诉讼法》则规定对于被判处管制者"由社区矫正机构实施社区矫正"。第二，2020 年 7 月正式实施的《社区矫正法》将管制与缓刑、假释、暂予监外执行一起纳入社区矫正的范围，并且对于被实施社区矫正的犯罪人不以服刑人员、社区矫正服刑人员称之，而是称为社区矫正对象，可以说在立法上管制由原来的限制自由刑实质上转变成了在社会上矫治，这也意味着我国自由刑的范围缩小了。

《社区矫正法》除了在立法上具有限定我国自由刑范围的效果之外，同时规定了教育帮扶以及针对性、个别化矫正原则，对于行刑社会化具有积极意义。这种规定可以称为通过"外部力量+社区矫正对象自身"推进的双边式行刑社会化。具体表现为第一，利用外部力量促进行刑社会化。《社区矫正法》第 2 条第 2 款规定了对于社区矫正对象的教育帮扶原则，与此相应确立了专门机关、专家与社会力量相结合的矫正模式，并且在《社区矫正法》第 5 章具体规定了政府、社区矫正机构、居民委员会、村民委员会、家庭、工作单位、学校、企事业单位、社会组织各自的职责或作用发挥，为教育帮扶的开展提供了具体依据。第二，以社区矫正对象为中心保障行刑社会化。《社区矫正法》第 3 条规定了个别化矫正原则，与此相应该法一方面是注重专业人员的参与，从《社区矫正法》第 10、11 条的规定可以看出，根据矫正需要，具有法律、教育、心理、社会工作等专业知识或者实践经验的社会工作者等专业人员都可以参与到社区矫正活动中。另一方面是注重社区矫正对象周边相关人士的参与，根据《社区矫正法》第 24、25 条规定社区矫正对象居住地的居民委员会、村民委员会的人员，社区矫正对象的监护人、家庭成员以及其所在单位或者就读学校的人员等都可以参与到矫正工作中。同时，还注重矫正方案的动态调整，第 24 条规定了"根据裁判内容和社区矫正对象的性别、年龄、心理特点、健康状况、犯罪原因、犯罪类型、犯罪情节、悔罪表现等情况，制定有针对性的矫正方案"，并且矫正方案要根据矫正对象的表现等情况进行调整。

二、我国行刑社会化的理论基础

我国的自由刑设置不像日本那样具有惩役、禁锢之分以及服刑人员是否必须参加劳动等争议，但在自由刑改革之中，行刑社会化是近年来的重点内容，这一点通过我国自由刑改革的理论基础——改造可能论、处遇分流论、社会复归论予以呈现。

改造可能论。从 1949 年至今，我国行刑制度建立、发展的重要理论根据是改造可能论。即人是可以改造的，在刑罚执行中通过采取各种教育改造措施，大部分服刑人员是能够由危害国家和人民利益的犯罪人，被改造成有益于社会、无害于他人的守法公民。[1]其中改造的关键是利用可能的社会力量、人力条件将服刑人员改造为符合国家期待的守法公民，包括利用社会主义制度的优越性，鼓励社会力量对犯罪者排除偏见和差别观念，为之提供帮助、创造新的人际关系、社会关系等。[2]一直以来在对服刑人员的改造中该理论都被作为积极刑事政策的支撑。

处遇分流论。处遇分流论亦可称为改造分类论，是指根据犯罪者的犯罪行为类型、人身危险性、改造难易程度等对其进行不同的分类，然后根据不同类型科处相应刑罚和改造。[3]该理论是个别化改造开展的依据，即根据不同犯罪者的性别、年龄、心理特点、健康状况、犯罪原因、犯罪类型、犯罪情节、悔罪表现等情况进行区别性改造、制定不同的改造方案。这种处遇分流的理论不仅包括在监狱内部进行的处遇分流，也包含了向狱外、向社会分

---

〔1〕 参见吴宗宪：《罪犯改造论——罪犯改造的犯因性差异理论》，商务印书馆 2019 年版，第 35 页；杨殿升、张金桑：《中国特色监狱制度研究》，法律出版社 1998 年版，第 160—161 页。

〔2〕 王雲海『「刑務作業」の比較研究：中国、米国、日本』（信山社，2001 年）44 頁以下参照。

〔3〕 川出敏欲＝金光旭『刑事政策』（成文堂，2016 年）165 頁以下参照。

流服刑人员、对其进行改造的思想。[1] 2000 年以后，在我国社区矫正试点改革以及实践中，该理论成为重要的支撑，正是因为处遇分流论本身就包含了行刑社会化的内容。

社会复归论。2000 年以后，随着我国社区矫正试点改革以及实践的发展，对服刑人员进行人身危险性矫正和个别化教育为主要内容的社会复归论逐渐受到重视。行刑社会化论认为，行刑固然包括剥夺或者限制服刑人员在社会中活动的自由，但又远远不止于此，国家在剥夺或者限制服刑人员自由的前提下还必须使行刑社会化，使服刑人员被剥夺或者限制自由后所"剩下"的"时间"和"空间"与一般社会的生活所差无几。[2] 因此，行刑活动应尽量与一般社会挂钩，对服刑人员的改造应尽量地社会化，应尽量允许服刑人员最大限度地保持与社会的联系。

总之，近年来以"社区矫正"为中心的行刑社会化改革在我国之所以得以开展，不是因为这一制度在他域的适宜性，而是因为我们本来就有这样的理论基础和观念。

三、我国行刑社会化的评价与反思

我国自由刑改革中的行刑社会化是伴随着犯罪结构的变化而发生的，是在当今社会风险结构多元化背景下，贯彻落实"宽严相济"刑事政策的表现，特别是《社区矫正法》作为行刑社会化的重要法律依据，确立了社区矫正的制度框架、制度程序、内容、特殊矫正及法律责任，成为行刑社会化的重要法律依据之一，不论从自由刑改革本身还是再犯罪预防来说都具有十分重要的意义。尽管如此，依然存在着以下几点问题。

首先，《社区矫正法》作为行刑社会化重要的、专门的法律依据，仅仅只有 63 条，除去有关对社区矫正对象的管理、监督相关规定之外，有关其权利、法律地位的规定非常少、且内容不够详细、具体。例如，《社区矫正法》

---

〔1〕　参见王希、刘双阳：《社区矫正精准矫治模式的理论基础与实践展开》，载《南大法学》2022年第 5 期。

〔2〕　参见王云海：《监狱行刑的法理》，中国人民大学出版社 2010 年版，第 23 页。

总则第 1 条关于社区矫正的定性没有使用 2019 年 7 月向社会公开征求意见的《社区矫正法（草案）》中的"刑罚执行"，避开了以刑罚执行对社区矫正进行定性，对于社区矫正的属性，立法并没有给出明确的答案。社区矫正是否被明确定性涉及社区矫正对象的法律地位和权利保障，社区矫正的性质不明不利于社区矫正工作的有效开展。又如，《社区矫正法》第 24 条关于"……矫正方案应当根据社区矫正对象的表现等情况相应调整。"的规定，社区矫正机构制定矫正方案时是否应该考量社区矫正对象的意愿？如果社区矫正具有刑罚执行的性质，那也就意味着社区矫正具有强制性，社区矫正方案的制定无需考量社区矫正对象的意愿。反之，社区矫正不具有强制性，社区矫正方案的制定应当考量社区矫正对象的意愿。因此，社区矫正的属性有待进一步明确。

第二，《社区矫正法》这一专门立法明确了对被判处管制、缓刑和被决定假释、暂予监外执行的四类人进行社区矫正，对社区矫正的制度架构、工作流程以及相关主体的法律责任进行了规定，为社区矫正的未来发展拓展了空间。[1]但是，实际上无论被判处管制、缓刑的案件抑或是被决定假释、暂予监外执行的案件数量都相对有限。随着我国刑事犯罪结构发生重大变化，刑法立法上对于对法益产生危殆的轻微行为的"犯罪化""严罚化"处理产生的消极影响，并没有通过社区矫正——这一社会化的、较为宽松的方式消除多少。尤其是在刑事执行实务中以鼓励服刑人员积极改造的"奖励式减刑"居多，与此相对，假释适用率极低。因此，"宽严相济"的刑事政策中只剩下了"严"，如何实现"宽"依然是今后的课题。

第三，以社区矫正为重心的我国的行刑社会化是"监狱外的社会化"，而"监狱内的社会化"却因缺少立法、制度的保障而不够充分。例如，我国的监狱劳动一般是在监狱内进行的，与此相对，日本除了监狱内的劳动场所外，为了促进服刑人员更好地融入社会在《刑事收容设施法》第 87 条明确规定服刑人员可以在监狱外的场所进行改造、劳作；又如，根据《中国监狱法》第 48 条规定，"罪犯在监狱服刑期间，按照规定，可以会见亲属、监护人"，与

---

[1] 参见张荆：《〈社区矫正法〉的立法意义与执法难点》，载《犯罪研究》2020 年第 4 期。

此相对，根据日本《刑事收容设施法》第 111 条规定服刑人员可以会见的对象除亲属、监护人之外，还包括与其婚姻、事业相关的人员、朋友以及对其改造有利的人，例如信教服刑人员可以会见牧师、法师等。因此，在我国发展、完善行刑社会化的过程中，如何实现监狱内的行刑社会化是十分重要的课题。

第三节　我国自由刑改革的本土化完善

在我国，自由刑改革的本土化完善是一个宏大课题，其中涉及自由刑配置的改革、自由刑适用的改革以及自由刑执行的改革。鉴于本书是以监狱行刑法律关系为对象的研究，所以本部分主要集中在我国自由刑执行改革的本土化完善。

无论我国还是日本，在当下的自由刑改革中都客观上或多或少地涉及了服刑人员的权利问题。接下来，本书将以联合国在司法领域内保护服刑人员基本权利的具有权威性和普适性的标准文件——《囚犯待遇最低限度标准规则》中相关内容为参照，对中日自由刑改革中的异同进行比较，在此基础上为我国自由刑改革的本土完善提供建议。

一、自由刑的一体两面

自由刑的一体两面包括自由刑的纯化与行刑的社会化。所谓自由刑纯化是指将自由刑执行的内容尽可能地限定在对服刑人员自由的剥夺和限制上、减少或者消除自由刑执行中带来的其他负面影响。[1]在联合国《囚犯待遇最低限度标准规则》中充分体现了这一内容。首先根据《囚犯待遇最低限度标准规则》第 3 条，服刑人员被拘禁于监狱之中而与外界隔离，因被剥夺自由在很多方面丧失了自主决定的权利而给其带来痛苦。因此，根据该条的精神，在正当的拘禁或者监狱纪律秩序维持之外，不应给服刑人员增加额外的痛苦。另外，根据《囚犯待遇最低限度标准规则》第 91 条规定，为了消除自由刑执行给服刑人员带来的负面影响，对服刑人员的处遇的目的应当是为了提升其自尊心和责任感，使其获得释放后遵守法律、自立生活。该规定要求从国家

---

〔1〕　参见王云海：《监狱行刑的法理》，中国人民大学出版社 2010 年版，第 20 页。

层面保障行刑的社会化。[1]所谓行刑社会化是指行刑固然包括剥夺或者限制服刑人员的自由，但却远远不止于此，国家在剥夺或者限制服刑人员自由的前提下还必须使之被剥夺或者限制自由后所剩下的时间和空间尽量与一般社会所差无几。可以说，《囚犯待遇最低限度标准规则》并没有将复归社会的义务赋予服刑人员，而是要求国家承担给予服刑人员复归社会的机会的义务提升其复归社会的意愿。

自由刑纯化与行刑社会化作为自由刑的一体两面，都是从自由刑的本来含义去解释行刑的内容。自由刑纯化致力于将自由刑的执行尽可能限定于拘禁本身，在此之外不给服刑人员造成额外的痛苦和损失。为了保障服刑人员的权利和自由刑纯化必须实行行刑社会化，并且应当将其落实为行刑中的国家责任。即设法使监狱行刑社会化，使监狱内的物质文化生活水平、生活样式等与一般社会尽量保持一致，使监狱构造及监禁形态尽量与一般社会接近，行刑活动尽量与一般社会挂钩，处遇体制及维持秩序体制尽量社会化，应允许服刑人员最大限度地与社会保持联系。[2]这是《囚犯待遇最低限度标准规则》的应有之义。

二、中日自由刑改革的异同

我国与日本自由刑改革中的不同之处在自由刑改革的过程中是否立足于本土化。我国在对社区矫正法进行改革的过程中并没有盲目地学习西方的社区刑罚、社会刑等，而是对自由刑进行新的创设。根据《社区矫正法》规定社区矫正的内容由"监督管理""矫正矫治""教育帮扶"三部分组成，其中涉及社区矫正对象义务的部分主要为"监督管理"部分——有条件地限制自由，"矫正矫治""教育帮扶"主要涉及服刑人员的权利与福利，其目的在于促进服刑人员顺利复归社会，与西方的社区制裁、社区刑罚有本质区别。[3]可以说，社区矫正本质上区别于剥夺或者完全限制服刑人员自由的自由刑，

---

〔1〕 松宫孝明「今日における刑罚の体系と刑罚论についての覚え書き」浅田和茂など編集『刑事法学の系譜』（信山社，2022 年）66 頁。

〔2〕 参见王云海：《监狱行刑的法理》，中国人民大学出版社 2010 年版，第 21 页。

〔3〕 参见吴宗宪主编：《刑事执行法学》，中国人民大学出版社 2019 年版，第 251 页。

是一种实现行刑社会化的积极方式，并非新自由刑或者社会刑。与我国不同，日本在自由刑改革的过程中受到了欧美影响的同时，没有辩证地立足本土需要。一直以来，从刑罚内容的主次来看，日本的惩役刑中都包含有强制劳动，其实从其字面含义也不难看出，惩役就是作为刑罚科处劳役的意思。但是无论从日本 2006 年的《刑事收容设施法》制定还是从其最近的自由刑改革来看，日本一直在向美国看齐，有意地弱化监狱劳动的刑罚地位。这是因为一方面 20 世纪 70 年代以来日本受到美国"民企压迫论"的影响，认为监狱强制劳动带来的不正当竞争会威胁到自由市场中的产业和劳动者；另一方面从 20 世纪 90 年代以来日本在受到国际组织的批判之后，一直试图改变监狱劳动的强制性，使之成为服刑人员复归社会的权利性内容。[1]但是在这一过程中，日本忽视了其国情与美国的不同，虽然美国从 20 世纪 70 年代以来通过引入"雇佣金请求权"来抵消监狱劳动的强制性以达到将自由刑纯化至剥夺或限制自由的目标，但同时服刑人员在监狱中的衣、食、住等费用都需要自己承担。而日本与我国一样，服刑人员在监狱中的衣、食、住等都是由国家承担的。弱化监狱劳动义务性的结果是导致刑事执行中"劣等原则"的理念崩溃。所谓劣等原则是指服刑人员的待遇不能比非犯罪者的待遇中的最低生活水平待遇高，否则，不仅不公平还会诱发人们积极犯罪。[2]

无论我国还是日本，在自由刑中所涉及的义务性内容与权利性内容、刑罚内容与处遇内容之间界限都模糊不清，实质上导致了自由刑内容的不明确。我国《社区矫正法》对于社区矫正的性质持模棱两可的态度，到底是刑罚优先还是处遇优先不明确。根据《社区矫正法》相关规定我国社区矫正由监督管理、矫正矫治、教育帮扶三部分组成，其中监督管理涉及社区矫正对象的自由限制与义务、带有强制性，矫正矫治、教育帮扶更多地倾向于权利性内容，但二者的比例与界限并不清晰。如在司法部 2022 年发布的社区矫正指导案

---

[1]　刑事立法研究会编『入門・監獄改革』（日本評論社，1996 年）136 頁以下、松宮孝明「今日における刑罰の体系と刑罰論についての覚え書き」浅田和茂など編集『刑事法学の系譜』（信山社，2022 年）67 頁。

[2]　See Heather Schoenfeld, *Building the Prison State: Race and the Politics of Mass Incarceration*, University of Chicayo Press, 2018, p.163; See Roy D. King, R. Morgan, *The Future of the Prison System*, Gower Publishing Ltd., 1980, p.145.

例——"四川省眉山市丹棱县对缓刑社区矫正对象付某某依法接收案例"〔1〕中，在确定矫正执行地时社区矫正机关遵照"最有利于矫正对象接受矫正"的要求，同意接收付某某在丹棱县境内进行社区矫正，并按照其申请，依法为其办理经常性跨市、县活动审批。但是在制定矫正方案时却将付某某列为严管对象，要求其每周向司法所口头或电话报告一次，每两周向司法所提交书面汇报一次，了解付某某日常动态，每月参加集中劳动、集中学习一次。这对于要从事大量快递派送工作，同时又要照顾家人的付某某来说是否是最有利的存在疑问。同样，日本在创设拘禁刑的过程中，以提升矫治的有效性为目标，将监狱劳动、教科指导、改善指导都概括性地作为强制性内容，〔2〕对服刑人员本身来说是非利益的、带有痛苦性的内容，而处遇是以服刑人员的改善更生、复归社会为目标的权利性内容，日本经过修法将原本应该基于服刑人员自身意愿判断、决定的内容转变为由刑事执行人员评价、裁量决定的内容。在此意义上处遇和刑罚一样都会给服刑人员带来痛苦，其背后不再是关注于服刑人员的权利主体性、自愿性，而是以预防为目标的过度矫正处遇。另一方面，有关处遇内容的裁量缺乏统一的标准，存在导致相同服刑人员接受不同处遇的风险，进而使得刑事执行之间产生质的差异，刑罚的均衡性、统一性面临挑战，不利于服刑人员的权利保障。〔3〕可以说，日本自由刑改革只是实现了形式上的单一化并没有达到实质意义上的纯化。

三、我国自由刑改革的本土完善

自由刑的改革是一项系统工程，不可一蹴而就，他山之石固然可以攻玉，在参考他国经验、教训时，始终需要因地制宜。强制处遇或者裁量性处遇一

---

〔1〕《司法部发布社区矫正工作指导案例》，载 https://www.pkulaw.com/chl/a182ace4786ced21bdfb.html？keyword=%E7%A4%BE%E5%8C%BA%E7%9F%AB%E6%AD%A3&way=listView，最后访问日期：2023 年 10 月 17 日。

〔2〕法務大臣諮問 103 号、法制審議会による答申案、並びに同答申「別添 2『要綱（骨子）』」等の内容については、それぞれ法務省ウェブサイト（http://www.moj.go.jp/shingil/housei02_00296.html，最終アクセス2023 年 10 月 17 日）を参照した。

〔3〕漆畑貴久「刑法等改正における『拘禁刑』創設の意味」『法政治研究』第 9 号（2023 年）112 頁。

定程度上可能有利于监管，但在改造的有效性以及服刑人员顺利复归社会的程度上却值得怀疑，日本的自由刑改革就是例证。我国自由刑改革的完善，必须立足于本土现状，具体包括以下三点。

首先，转变行刑理念，从服刑人员法律地位出发，明确其在自由刑执行中的权利、义务界限，促进强制性改造向权利性处遇转变，明确拘禁关系、处遇关系、纪律秩序关系之间彼此的边界，确保三者之间互不越界。一直以来改造都是我国自由刑改革中的重要内容，无论改造可能论、改造分流论还是社会复归论都包含了改造的思想。但是，因为改造天然地带有强制性，具有导致刑罚与改造之间的界限不清的风险，尤其是违背服刑人员自愿性的强制性改造不仅会给服刑人员带来额外的痛苦，而且将使得改造的有效性大打折扣。因此，要明确刑罚与改造之间的界限、将二者分离，首先就要明确刑法的任务在于保证法共同体成员互相认可的状态具备必要的外部稳定性，而非实现部分社会成员利益的最大化，因此，服刑人员在法律上享有获得他人尊重的权利，实际上就是刑法正当化根据的固有内容[1]——这也是我国宪法的内容。重视服刑人员的法律地位关键在于重视其权利与义务界限——刑罚具有强制性、义务性，改造应当追求效率、而效率的基础在于服刑人员的自愿性、权利性，在于尊重服刑人员的权利和意愿。根据我国现行刑法规定，作为刑罚的内容，除了剥夺或者限制服刑人员的自由、还应当包括强制劳动，在此之外，除了维持监狱纪律、秩序的需要，应当尊重服刑人员接受改造的意愿和自由，而非将刑事执行者的意志强加之，导致改造与改造效果之间的南辕北辙。

其次，建立刑罚与保安处分双轨制刑法法律效果体系，从社会防卫的视角将社区矫正明确定性为柔性的保安处分。所谓保安处分是通过对犯罪人进行教育、治疗以及物理的隔离等措施达到社会防卫的目的，因此，可以说保安处分是与一种无法否认的防止社会危险性的需要相适应的。[2]从性质上来说保安处分具有强制性，因此在对社区矫正定性时要将保安处分与处遇进行

---

〔1〕　参见［德］米夏埃尔·帕夫利克：《刑法科学的理论》，陈璇译，载《交大法学》2021 年第 2 期。

〔2〕　参见［德］克劳斯·罗克辛：《德国刑法学 总论》（第 1 卷·犯罪原理的基础构造），王世洲译，法律出版社 2005 年版第 4 页。

区分。根据我国《社区矫正法》第 1 条规定可以看出，社区矫正的核心目的在于促进社区矫正对象顺利融入社会，而顺利融入社会的前提是去标签化，刑罚以及过多的附加义务只会导致标签化加重，不利于社区矫正对象复归社会。基于这样的目的以及状况，社区矫正应当以尊重社区矫正对象意愿和权利的处遇为主，当社区矫正对象不具备自主表示意愿的能力或者为了保证法共同体成员互相认可的状态具备必要的外部稳定性时，则必须在社区矫正机构与社区矫正对象之间在中立第三方裁判的正当程序之下来决定保安处分的措施。这种保安处分有别于国际上的社区服务刑、强制戒毒型、家庭监禁等，[1]而是基于社区矫正对象的正当权利而产生，如对未成年人的强制教育、对精神病人的强制医疗是基于公民的成长发展权、健康权而来，而非刑罚执行机关、社区矫正机构的强制力。

最后，促进行刑实务的福祉化和社会化，实现"出口放宽"和"出口支援"。长时间的监禁会使服刑人员变得"体制化"——服刑人员已经习惯了监狱里的体系、制度，对外面的世界处处感到不适应、无法生存，这种结果与国家承担使服刑人员复归社会的义务相背离，为了避免这样的情况发生，服刑人员应当享有获得假释的权利。在未来的自由刑改革过程中，应当以"权利式的假释"取代行刑实务中的"奖励式减刑"、进而实现"出口放宽"——使更多的服刑人员获得复归社会的机会。即使获得了复归社会的机会，对于长时间服刑者、高龄服刑者、未成年服刑者、残疾服刑者而言，大概率不能顺利地融入社会，司法援助和社会福利上均应为之提供不同于一般社区矫正对象的具体保障——这是"帮扶"的应有之义。

第四节　本章小结

我国自由刑改革之路任重道远，历史现实注定了其要朝着行刑社会化的方向发展，而行刑社会化的实现同样需要以法治为保障和前提。在今后的自

---

〔1〕　参见翟中东：《社区性刑罚的崛起与社区矫正的新模式——国际的视角》，中国政法大学出版社 2013 年版，第 64 页以下。

由刑改革中社区矫正承担了重要的角色。因此，首要任务是在立法上明确社区矫正作为柔性保安处分的法律地位，与此相应，在刑事法体系内部进行相应的完善。最后，司法与福利如何在制度上实现具体衔接，是今后思考如何有效进行再犯预防时应当关注的重要课题。

中国监狱学人的使命

监狱行刑是人类社会发展史上的一个长期课题。中国的监狱行刑可以追溯到夏商周之前的尧舜时代，"皋陶造狱，画地为牢"便是该时代的典故。秦汉以来，我国古代监狱行刑讲究"经世致用"，其背后的支撑理念是典型的法律工具论思维。至 1949 年中华人民共和国成立，以劳动改造为代表的中国监狱行刑在彻底废除封建时代残酷刑罚的同时，开始将人道主义精神融入监狱行刑的实践。由于中华人民共和国成立初期，监狱行刑法律制度不健全，人道主义行刑理念不论是在服刑人员权益保障方面还是监狱警察职责发挥方面都起到了重要作用。例如，在条件困难时，监狱警察把自己的口粮省给服刑人员，冒着大雨背着服刑人员长途跋涉两个小时去医院就医等。这些事迹都体现了人道主义的光辉。但是，由于缺乏法律制度上的标准，行刑中的人道主义是以改造为中心的裁量性措施。因此，从 1949 年到 20 世纪 80 年代初期，中国服刑人员法律地位上是"改造的客体"。从 20 世纪 80 年代初期到 20 世纪 90 年代后半期，人们改变了"劳动改造中的服刑人员被作为'人民的敌人'，是接受惩罚和改造的存在"的认识，服刑人员的公民地位得到承认，不过其作为公民具有不同于一般人的特殊性。因此，这一时期中国服刑人员法律地位上是"特殊的公民"。从 20 世纪 90 年代后半至今，中国服刑人员在法律地位上是"广泛的权利主体"，人们更广泛地关注到服刑人员的权利。特别是"中华人民共和国实行依法治国""国家尊重和保障人权"于 1999 年、2004 年被分别写入宪法之后，我国监狱行刑有了宪法上的基础，在此基础上

"依法治监""监狱法治"不断地被提及。

我国的监狱行刑理论是世界监狱行刑理论的重要组成部分，与世界其他国家的监狱行刑理论一起共同构筑成了人类监狱行刑的文明财富。我国的监狱行刑完全有资格、有能力参与和推动世界监狱行刑研究的不断发展。基于此，中国监狱学人的使命有三。

第一，应当以更自信的姿态走向世界。监狱是彰显法治文明的重要窗口，监狱行刑是全面深化司法改革、全面贯彻依法治国的重要组成部分、是推动人权保障发展的重要领域。应当以"人类命运共同体"理念为出发点，以"尊重和保障人权"的宪法精神为基准，坚持把监狱行刑中的人权普遍性问题同中国实际结合起来，将行刑的宪法化、司法化贯彻到监狱行刑法律关系之中。走出一条符合时代潮流，具有本土化特色的行刑法治化道路，引领和推动国际人权事业的发展。

第二，应当树立我国监狱行刑的研究范式、话语体系。虽然监狱行刑研究天然地具有国别、地域的特殊性，但要避免出现像西方社会那样由于过分受意识形态影响"闭门造车""刻舟求剑"的做法。应当将"依法治国"作为我国监狱行刑研究中的指针，将法治主义原则作为检验和解决本土监狱行刑法律关系问题的基准。在此基础上，从语义层面、文化层面、交流层面对监狱行刑研究进行专业的、学术的完善与推动。

第三，应当持续关注服刑人员的法律地位。监狱行刑法律关系的议题本质上就是服刑人员法律地位的议题，其应当包含两个层面的法律关系——服刑人员与国家之间的一般权力关系、以及在一般权力关系之下以权利保障为中心的监狱行刑内部关系——拘禁关系、处遇关系、纪律秩序关系。这两组监狱行刑法律关系是检视服刑人员法律地位的试金石。服刑人员法律地位不单单是监狱行刑理论层面的问题，在立法层面、实践层面、司法层面同样值得关注。围绕服刑人员的法律地位，如何进行立法完善、实践贯彻以及司法保障是今后值得持续关注的课题。

参考文献

一、中国语文献

（一）书籍

1. 徐觉非等编著：《劳动改造学》，群众出版社 1981 年版。

2. 中华人民共和国司法部：《劳改工作经验选编》（上册），群众出版社 1989 年版。

3. 赵震江主编：《中国法制四十年（一九四九——一九八九）》，北京大学出版社 1990 年版。

4. 黄兴瑞、郭明：《当代中国罪犯》，中国政法大学出版社 1991 年版。

5. 邵名正主编：《中国劳改法学理论研究综述》，中国政法大学出版社 1992 年版。

6. 国务院新闻办公室：《中国改造罪犯的状况》，法律出版社 1992 年版。

7. 王福金：《中国劳改工作简史》，警官教育出版社 1993 年版。

8. 司法部劳改局编：《毛泽东等老一辈革命家论改造罪犯工作》，法律出版社 1993 年版。

9. 孙晓雳：《中国劳动改造制度的理论与实践——历史与现实》，中国政法大学出版社 1994 年版。

10. 杨殿升、张金桑主编：《中国特色监狱制度研究》，法律出版社 1998 年版。

11. 邱兴隆、许章润：《刑罚学》，中国政法大学出版社 1999 年版。

12. 郭道晖等主编：《中国当代法学争鸣实录》，湖南人民出版社 1998 年版。

13. 《毛泽东文集》（第六卷），人民出版社 1996 年版。

14. 韩玉胜等：《刑事执行法学研究》，中国人民大学出版社 2007 年版。

15. 冯建仓主编：《中国监狱服刑人员基本权利研究》，中国检察出版社 2008 年版。

16. 赵运恒：《罪犯权利保障论》，法律出版社 2008 年版。

17. 王云海：《监狱行刑的法理》，中国人民大学出版社 2010 年。

18. 冯建仓主编：《服刑人员权利保护研究》，中国检察出版社 2016 年版。

19. 刘崇亮：《制度性需求下〈监狱法〉修改研究》，中国法制出版社 2018 年版。

20. 乔成杰、宋行主编：《监狱法学》，化学工业出版社 2018 年版。

21. 吴宗宪：《罪犯改造论——罪犯改造的犯因性差异理论》，商务印书馆 2019 年版。

22. 吴宗宪主编：《刑事执行法学》，中国人民大学出版社 2019 年版。

23. 吴宗宪主编：《社区矫正导论》，中国人民大学出版社 2011 年版。

24. 赵云恒：《罪犯权利保障论》，法律出版社 2008 年版。

25. 敦宁：《自由刑改革的中国路径》，人民出版社 2014 年版。

26. 马克昌主编：《刑罚通论》，武汉大学出版社 1999 年版。

27. ［德］克劳斯·罗克辛：《德国刑法学 总论》（第 1 卷·犯罪原理的基础构造），王世洲译，法律出版社 2015 年版。

28. 翟中东：《社区性刑罚的崛起与社区矫正的新模式——国际的视角》，中国政法大学出版社 2013 年版。

29. 郭明：《契约刑论与新古典监狱学》，元照出版公司 2019 年版。

（二）论文

1. 毛泽东：《关于正确处理人民内部矛盾的问题（之一）》，载《人民日报》1957 年 6 月 18 日，第 1 版。

2. 李步云、徐柄：《论我国罪犯的法律地位》，载《人民日报》1979 年 10 月 31 日。

3. 李步云：《再论我国罪犯的法律地位》，载《法学杂志》1980 年第 3 期。

4. 卫之骅：《论新宪法的基本原则》，载《政治与法律》1984 年第 6 期。

5. 徐觉非：《试论毛泽东思想的劳动改造罪犯理论》，载中国政法大学法学研究科编：《劳动改造法学教学参考资料》，中国政法大学 1985 年版。

6. 王泰：《试论劳动改造的基本理论依据》，载周明东等选编：《劳动改造法学概论参考资料》，中央广播电视大学出版社 1987 年版。

7. 唐琼瑶：《犯人是不是公民?》，载周明东等选编：《劳动改造法学概论参考资料》，中央广播电视大学出版社 1987 年版。

8. 康立群：《公民身份观念是公民意识的基础》，载《河北法学》1989 年第 2 期。

9. 赵震忠：《罪犯既受法律制裁，也应受法律保护——论劳改罪犯法律地位的立法》，载《法治论丛》1989 年第 4 期。

10. 余欣喜：《论犯罪与两类矛盾》，载《青海社会科学》1990 年第 5 期。

11. 王德祥：《论我国人权的宪法保障》，载《现代法学》1991 年第 4 期。

12. 陆德山：《中国宪政十年发展若干问题反思——为纪念现行宪法实施十周年而作》，载《法学评论》1992 年第 6 期。

13. 孔令望、戚渊：《我国宪法有关公民权规定的特色》，载《法学》1992 年第 3 期。

14. 王启富：《对"法制与法治"之我见》，载《政法论坛》1993 年第 5 期。

15. 孙国华：《法制与法治不应混同》，载《中国法学》1993 年第 3 期。

16. 周叶中：《宪法至上：中国法治之路的灵魂》，载《法学评论》1995 年第 6 期。

17. 郭道晖：《法治国家与法治社会》，载《政治与法律》1995 年第 1 期。

18. 吴光辉：《"依法治国"的理论思考》，载《现代法学》1996 年第 3 期。

19. 唐德华：《论从"法制"到"法治"的转变》，载《中国党政干部论坛》1998 年第 2 期。

20. 李步云、黎青：《从"法制"到"法治"二十年改一字——建国以来法学界重大事件研究（26）》，载《法学》1999 年第 7 期。

21. 张绍彦：《论监狱法治和依法治监的建构》，载《法学家》1999 年第 4 期。

22. 孙国华、何贝倍：《人权与社会主义法治》，载《法学家》2001 年第 6 期。

23. 贺卫方：《走向具体法治》，载《现代法学》2002 年第 1 期。

24. 王莉君：《论囚犯的法律地位》，载《犯罪与改造研究》2004 年第 11 期。

25. 杨正鸣：《以人为本 依法治监》，载《犯罪研究》2005 年第 1 期。

26. 冯殿美、侯艳芳：《刑事执行权及其制约》，载《河南社会科学》2005 年第 1 期。

27. 耿光明、吴镝飞：《行刑法治机理剖析》，载《河北法学》2005 年第 5 期。

28. 赖早兴、贾健：《论自由刑中的"自由"及其演化》，载《湘潭大学学报（哲学社会科学版）》2008 年第 4 期。

29. 崔洪波、王波：《服刑人员救济权的检察保障》，载《人民检察》2014 年第 23 期。

30. 李均仁：《关于罪犯也是公民问题的探究》，载《犯罪与改造研究》2015 年第 2 期。

31. 王志亮：《论监狱行刑法律关系主体及其特点》，载《河南司法警官职业学院学报》2015 年第 1 期。

32. 王云海：《日本的刑事责任、民事责任、行政责任的相互关系》，载《中国刑事法杂志》2014 年第 4 期。

33. 陈佑武、李步云：《中国法治理论四十年：发展、创新及前景》，载《政治与法律》2018 年第 12 期。

34. 吾采灵：《服刑人员器官捐献的决定权研究》，载《刑事法判解》2018 年第 2 期。

35. 李玉娥、栗志杰：《服刑人员生育权论要》，载《法律科学（西北政法大学学报）》

2018 年第 1 期。

36. 李奋飞、王怡然：《监狱检察的三种模式》，载《国家检察官学院学报》2019 年第 3 期。

37. 赵新新：《日本服刑人员的法律地位及对中国的启示》，载《中国监狱学刊》2020 年第 3 期。

38. 张荆：《〈社区矫正法〉的立法意义与执法难点》，载《犯罪研究》2020 年第 4 期。

39. ［日］桥爪隆：《日本刑法中对责任能力的认定》，赵新新译，载《财经法学》2021 年第 1 期。

40. 蒋传光：《习近平法治思想的核心内容》，载《学习与探索》2021 年第 1 期。

41. ［德］米夏埃尔·帕夫利克：《刑法科学的理论》，陈璇译，载《交大法学》2021 年第 2 期。

42. 彭文华：《刑罚的分配正义与刑罚制度体系化》，载《中外法学》2021 年第 5 期。

43. 柳建龙：《论基本权利冲突》，载《中外法学》2021 年第 6 期。

44. 王希、刘双阳：《社区矫正精准矫治模式的理论基础与实践展开》，载《南大法学》2022 年第 5 期。

二、日本语文献

（一）书籍

1. 渡辺宗太郎『改订日本行政法（上）』（有斐阁，1940 年）。

2. 美濃部達吉『行政法序论』（有斐阁，1948 年）。

3. 佐々木惣一『日本国行政一般法论』（有斐阁，1952 年）。

4. 園部敏『公法上の特別權力関係の理论』（有斐阁，1955 年）。

5. 宮沢俊義『宪法』（法学丛书，1955 年）。

6. 田中二郎『行政法総論』（有斐阁，1957 年）。

7. 室井力『特別權力関系论』（劲草書房，1968 年）。

8. 石原明＝平野龍一『刑法総论』（有斐阁，1972 年）。

9. 田中二郎『行政法』（劲草书房，1976 年）。

10. 芦部信喜『宪法制定權力』（东京大学出版会，1983 年）。

11. 雄川一郎『行政争訴の理论』（有斐阁，1986 年）。

12. 団藤重光『刑法綱要（總論）』（创文社，1990 年）。

13. 宮崎繁樹＝五十嵐二葉＝福田雅章『国際人權基準による刑事手续ハンドブック』（青峰社，1991 年）。

14. 鈴木敬夫編译『中国の死刑制度と労働改造』（成文堂，1994 年）。

15. 刑事立法研究会編『入门・監獄改革』（日本评论社，1996 年）。

16. 菊田幸一『受刑者の人権と法的地位』（日本评论社，1999 年）。

17. 王雲海『「刑務作業」の比較研究：中国、米国、日本』（信山社，2001 年）。

18. 福田雅章『日本の社会文化構造と人権：「仕組まれた自由」なかの安楽死・死刑・
受刑者・少年法・オウム・子どモ問題』（明石書店，2002 年）。

19. 王雲海「日本の刑罰は重いか軽いか」（集英社，2008 年）。

20. 大越義久『刑罚論序説』（有斐閣，2008 年）。

21. 鴨下守孝「新行刑法要論」（东京法令出版社，2015 年）。

22. 菊田幸一『受刑者の法的權利』（三省堂，2016 年）。

23. 山口厚『刑法总論』（有斐閣，2016 年）。

24. 川出敏欲＝金光旭：『刑事政策』（成文堂、2016 年）。

25. 仲野徹「被害額 54 円…『万引き老人』の悲しすぎる現実」『东洋經濟』（2016 年）。

26. 名取俊也＝北村篤＝林眞琴『逐条解説刑事収容施設法』（有斐閣，2017 年）。

27. 清永聡「老いる受刑者、変わる刑務所」『時論公論』（2017 年）

28. 西田典之『判例刑法总論』（有斐閣，2018 年）。

29. 辻村みよ子『憲法』（日本评论社，2018 年）。

30. 澤登文治『受刑者の人権と人間の尊厳——世界標準と社会權的再構成』（日本评论
社，2019 年版）。

31. 武内謙治＝本庄武『刑事政策学』（日本评论社，2019 年）。

32. 松島諄吉「在監关系について——伝統的な『特別權力関係修正論』への批判的一考
察」『磯崎辰五郎先生喜寿纪念・現代における「法の支配」』（法律文化社，1979
年）。

（二）论文

1. 磯崎辰五郎「特別權力関係の理論と日本国憲法」（恒藤先生古稀祝賀纪念『法解釈の
理論』所収）（有斐閣，1960 年）。

2. 和田英夫「特別權力関係論への疑問——憲法原理と行政法理論との谷間」『法学セミ
ナー』（日本评论社、1967 年 49–50 号）。

3. 正木亮「ツヴィエト・ロシアの改善労働法について」正木亮『行刑上の諸問題』（有
斐閣，1970 年）。

4. 福田雅章「行刑問題に対する裁判所の関与——-アメリカにおけるハンズ・オフ・

ドクトリン（不干渉主義）の崩壊」一橋論業 71 巻（1971 年）。

5. 土井政和「犯罪者援助と社会復帰行刑（一）」『九大法学』第 47 号（1984 年）。

6. 王雲海「現代中国における犯罪学研究」『犯罪社会学研究』第 19 号（1994 年）。

7. 土井政和「受刑者の処遇法にみる行刑改革の到達点と課題」『自由と正義』56 巻 9 号（2005 年）。

8. 川出敏裕「法改正の意義と今后の课题」『ジュリスト』1289 号（2005 年）。

9. 名取俊也「刑事施設及び受刑者の処遇等に関する法律の概要」『ジュリスト』1289 号（2005 年）。

10. 岡上雅美「名古屋刑務所事件その後——革手錠事件に関する名古屋地判 2007 年 3 月 30 日を契机として」『法学セミナー』第 52 巻第 7 号。

11. 川出敏裕「自由刑における矯正処遇の法的位置づけについて」『刑政』127 巻 4 号（2016）。

12. 石塚伸一「教育的処遇（矯正処遇）——被收容者の処遇改革の歴史と主体性の確立」本庄武＝武内謙治編著『刑罰制度改革の前に考えておくべきこと』（日本評論社、2017 年）。

13. 本庄武「受刑者の法的地位と自由刑の改革」本庄武＝武内謙治編著『刑罰制度改革の前に考えておくべきこと』（日本評論社、2017 年）。

14. 赤池一将「『懲罰』を語らずに『規律』を語るために」本庄武＝武内謙治編著『刑罰制度改革の前に考えておくべきこと』（日本評論社、2017 年）。

15. 但见亮「中国の法概念について考える」『一橋法学』第 19 巻第 1 号（2020 年）。

16. 仓茂由美子「高齢化〈リハビリ〉も刑务作业」『読卖新闻』（2021 年 6 月 18 日第 12 版）。

17. 松宮孝明「今日における刑罰の体系と刑罰論についての覚え书き」浅田和茂など編集『刑事法学の系谱』（信山社、2022 年）。

18. 漆畑贵久「刑法等改正における拘禁刑创设の意味」、『法政治研究』（2023 年）。

三、网络参考资源

1. 最高人民法院、最高人民检察院公布 8 起刑事赔偿典型案例之八，载 http://iffgc6ae4bfbcde7b499csxo6ww0ffo6pv6vou.ffhx.libproxy.ruc.edu.cn/pfnl/a25051f3312b07f33146d163d54062769fe1f4b63b7aaa73bdfb.html？keyword＝。

2. 最高人民法院发布 10 起人民法院国家赔偿和司法救助典型案例之五，载 http://iffgc

6ae4bfbcde7b499csxo6ww0ffo6pv6vou. ffhx. libproxy. ruc. edu. cn/pfnl/a6bdb3332ec0adc465180 a26abdb45f5aafc6f079aaac61dbdfb. html？keyword＝。

3. 司法部发布社区矫正工作指导案例:《四川省眉山市丹棱县对缓刑社区矫正对象付某某依法接收案例》，载 https://www. pkulaw. com/chl/a182ace4786ced21bdfb. html？keyword＝%E7%A4%BE%E5%8C%BA%E7%9F%AB%E6%AD%A3&way＝listView，最后访问日期2023 年 10 月 17 日。

4. 法务大臣咨问 103 号、法制审议会による答申案、并びに同答申「別添 2『要纲（骨子）』」等の内容については、それぞれ法务省ウェブサイト（http://www. moj. go. jp/shingil/housei02_ 00296. html，最终アクセス2023 年 10 月 17 日）を参照した。

参考法条

《刑事收容设施法》重要参考法条[*]

第一编　总　则

第 1 章　通　则

第 1 条（目的）本法以推动刑事收容设施（刑事设施、留置设施、海上保安留置设施）的正当管理、尊重被收容者、被留置者以及海上保安被留置者的人权，并且对其进行合理的处遇为目的。

第 2 条（定义）本法中以下各项用语，其含义如各项所规定。

一 被收容者 是指被收容在刑事设施内的人员。

二 被留置者 是指被留置在留置设施内的人员。

三 海上保安被留置者 是指被留置在海上保安留置设施内的人员。

四 受刑者是指惩役受刑者、禁锢受刑者或者拘留受刑者。

五 惩役受刑者 是指因惩役刑（包含《国际受刑者移送法》（平成 14 年第 66 号法律）第 16 条第 1 款第 1 项中的共助刑。下同。）的执行被拘禁的人员。

六 禁锢受刑者 是指因禁锢刑（包含《国际受刑者移送法》（平成 14 年

---

[*] 《刑事收容设施法》重要参考法条为本书著者译。

第 66 号法律）第 16 条第 1 款第 2 项中的共助刑。下同。）的执行被拘禁的人员。

七 拘留受刑者 是指因拘留的执行被拘禁的人员。

八 未决拘禁者 是指被逮捕者、被拘留者以及其他未决者。

九 被逮捕者 是指根据《刑事诉讼法》（1926 年第 131 号法律）的规定，被逮捕拘留的人员。

十 被拘留者 是指根据《刑事诉讼法》规定被拘留的人员。

十一 死刑确定者 是指被判处死刑后被拘留的人员。

十二 各种被收容者 是指受刑者、未决拘禁者以及死刑确定者以外的被收容者。

第 2 章　刑事设施

第 3 条（刑事设施）刑事设施是指对以下人员进行收容和必要处遇的设施。

一 因惩役、禁锢、拘留的执行而被拘禁的人员。

二 根据《刑事诉讼法》规定，被逮捕、拘留的人员。

三 根据《刑事诉讼法》规定，被拘留的人员。

四 因被判处死刑被拘留的人员。

五 除上述各项规定之外，根据法令规定应当或者可以被收容于刑事设施的人员。

第 4 条（被收容者的分类）根据以下各项规定，对不同类型的被收容者分开收容。

一 性别。

二 区分受刑者（未决拘禁者除外。）、未决拘禁者（受刑者、死刑确定者除外）、拥有未决拘禁者地位的受刑者、死刑确定者以及各种被收容者。

三 区分惩役受刑者、禁锢受刑者以及拘留受刑者。

2 根据本法第 92 条或者第 93 条的规定，因刑务作业与其他被收容者接触，或者因餐饮配给以及其他的作业必须与其他被收容者接触时，可以不进行前款第 2 项以及第 3 项所规定的分类。

3 必要情形下，在居室（是指刑事设施长官指定的被收容者作为主要休息以及就寝的场所）外可以不进行第 1 款第 3 项所规定的分类。

第 5 条（实地监查）为使本法正当实施，法务大臣应当从法务省职员中指名监查官，对各刑事设施进行每年至少 1 次的实地监查。

第 6 条（意见听取）为了刑事设施的正当运营，刑事设施长官必须尽力听取相关公务所、公共团体职员以及有学识经验者的意见。

第 7 条（刑事设施视察委员会）刑事设施内设置刑事设施视察委员会（以下本章中称"委员会"）。

2 委员会视察其所在的刑事设施，就该刑事设施的运营向刑事设施长官提意见。

第 8 条（组织等）委员会由 10 人以内组成。

2 委员由法务大臣从具有品格、见识，且对刑事设施运营改善热心的人员中任命。

3 委员任期是 1 年，可以连任。

4 委员是非常勤职。

5 除前各款规定之外，有关委员的组织以及运营的必要事项由法务省规定。

第 9 条（向委员会提供情报、委员视察等）根据法务省令规定，刑事设施长官定期或者必要时向委员会提供刑事设施运营状况相关信息。

2 为了掌握刑事设施的运营情况，委员会可以派委员视察刑事设施。在视察刑事设施时，委员会认为必要时，可以要求刑事设施长官协助委员与被收容者会面。

3 刑事设施长官必须协助前款所规定的视察以及委员与被收容者的会面。

4 除第 127 条（包括在第 144 条中准用的情形）、第 135 条（包括在第 138 条以及第 142 条中准用的情形）以及第 140 条的规定之外，不得检查被收容者向委员会提交的书面材料。

第 10 条（委员会意见等的公布）法务大臣每年对委员会向刑事设施长官提出的意见以及刑事设施长官听取意见后所采取的措施内容进行汇总，公开其概要内容。

第 11 条（裁判官以及检察官的巡视）裁判官以及检察官可以巡视刑事设施。

第 12 条（参观）在有人提出申请参观刑事设施时，刑事设施长官认为可以参观的，可以允许参观。

第 13 条（刑务官）根据法务省令的规定，刑务官由法务大臣从刑事设施的职员中指定。

2 刑务官的职级由法务省令规定。

3 为使加深对被收容者人权的理解，以及具备正当有效地处遇被收容者的知识、技能，应当对其进行能力提升所必要的研修和训练。

第 14 条除下列情形外，对第 3 条各款所规定人员可以留置在留置设施，以取代收容在刑事设施。

一 因惩役、禁锢或者拘留的执行被拘禁者（这些刑罚执行之外的逮捕、拘留以及基于其他事由依据刑事诉讼法、其他法令的规定被拘禁者除外）。

二 因被判处死刑被拘留者。

三 根据少年法（1926 年第 168 号法律）第 17 条之 4 第 1 项、少年院法。

第 3 章　留置设施

第 15 条除下列人员外，对第 3 条各款所规定的人员可留置在留置设施中以替代刑事设施的收容。

一 因惩役、禁锢、拘留的执行被拘禁者（这些刑罚执行以外，被逮捕、拘留或者根据刑事诉讼法以及其他法令规定被拘禁的人除外）。

二 因被判处死刑受拘禁者。

三 少年法（1948 年第 168 号法律）第 17 条之四第 1 项，少年院法（2014 年第 58 号法律）第 133 条第 2 项以及少年鉴别所法（2014 年第 59 号法律）第 123 条规定的被假收容者。

四 逃亡犯罪人引渡法（1953 年第 68 号法律）第 5 条第 1 项，第 17 条第 2 项以及第 25 条第 1 项，国际搜查协助法（1980 年第 69 号法律）第 23 条第 1 项和国际刑事法院协助法（2007 年第 37 号法律）第 21 条第 1 项、第 35 条第 1 项规定的被拘禁者。

2 法务大臣可以要求国家公安委员会对前项所规定的与留置相关的留置设施的运营情况进行说明，或者对于同项所规定的留置者的处遇提出意见。

第二编 被收容者等的处遇

第1章 处遇的原则

第30条（受刑者的处遇原则）根据受刑者的个人资质以及成长环境，以促进其自觉性、提升其改过自新的欲望以及培养其适应社会生活的能力为目标，开展处遇。

第31条（未决拘禁者的处遇原则）对未决拘禁者处遇，应当考虑其作为未决者的地位，防止其逃走以及毁灭罪证的同时应当充分尊重其诉讼中的防御权。

第32条（死刑确定者的处遇原则）对死刑确定者处遇，应当注重其心态稳定。

2 根据需要可以邀请志愿者协助，给死刑确定者提供有利于其心态稳定的建议、演讲以及其他相关内容。

第2章 刑事设施内被收容者的处遇

第1节 收容的开始

第33条（收容开始时的告知）在收容开始之际，刑事设施长官应当根据被收容者的地位，向其告知以下事项。当被收容者的地位发生变化时，亦同。

一 物品的借予、配给以及自费购买相关事项。

二 第48条第1款规定的私人物品保管以及其他贵重物品的处理相关事项。

三 保健卫生以及医疗相关事项。

四 宗教上的行为、礼拜、仪式以及教育相关事项。

五 书籍等（书籍、杂志、报纸以及其他书刊（信件除外。）下同。）的阅览相关事项。

六 第71条第1款规定的遵守事项。

七 会见以及信件收发相关事项。

八 惩罚相关事项。

九 审查申请措施、审查申请行政厅、审查申请期间以及其他审查申请相关事项。

十 第 163 条第 1 款规定的申告行为、申告机关、申告期间以及其他同款规定的申告事项。

2 根据法务省令规定，前款中的告知以书面形式进行。

第 34 条（身份确认检查）在对被收容者进行收容之际，为确认身份，在此限度内刑务官可以对其进行身体检查。之后必要时，亦同。

2 根据前款规定，对女性被收容者进行检查时，必须由女性刑务官执行。但是，女性刑务官不能执行该检查的情形下，男性刑务官可以在刑事设施长官指定的女性职员的指挥下执行检查。

第 2 节　处遇的形态

第 35 条（未决拘禁者的处遇形态）未决拘禁者（仅限于刑事设施内的被收容者。下同。）的处遇（运动、洗澡、会见以及其他法务省令规定的情形除外。下条第 1 款以及第 37 条第 1 款规定亦同。）昼夜均在居室内进行，适合室外进行的情形除外。

第 36 条（死刑确定者的处遇形态）死刑确定者的处遇昼夜均在居室内进行，适合室外进行的情形除外。

2 死刑确定者的居室是单独居室。

3 在室外，死刑确定者不得相互接触，根据第 32 条第 1 款规定的处遇原则相互接触有益的情形除外。

第 37 条（各种被收容者的处遇形态）各种被收容者（仅限于刑事设施内的被收容者。下同。）的处遇昼夜均在居室内进行，适合室外进行的情形除外。

2 各种被收容者的居室尽量确保是单独居室，在处遇上适合采用共同居室的情形除外。

第 3 节　日常起居时间段等

第 38 条（日常起居时间段）根据法务省令规定，刑事设施长官应当将下列内容的时间段告知被收容者。

一 吃饭、就寝以及其他日常活动的时间段。

二 第 86 条第 1 款规定的服刑人员（仅限于刑事设施内的服刑人员。以下本章亦同。）的处遇时间段、闲暇时间段。

第39条（闲暇活动的援助等） 在不违背刑事设施内的纪律、秩序以及对刑事设施的其他运用管理不产生妨害的情形下，刑事设施长官应当允许被收容者在闲暇时间等（服刑人员时是指法定的闲暇时间段，其他被收容者时是指吃饭、就寝以及其他日常活动外的时间段。下款亦同。）进行个人合同作业（个人合同作业是指被收容者与刑事设施外部人员之间订立劳务合同、进行产品制作以及其他作业。下同。）

2 根据法务省令规定，对于被收容者的个人合同作业，知识、教育、娱乐活动，运动竞技以及其他闲暇时间段的活动，刑事设施长官应当给与支持。

第4节 物品的借予与自费购买

第40条（物品的借予） 刑事设施长官应当向被收容人员借予或者配给下列刑事设施日常生活所必需的物品（书籍除外，下节同。第42条第1款各项所规定的物品除外。）

一 衣物以及床上用品。

二 食品以及茶饮。

三 日用品、学习用品以及刑事设施内的其他日常生活用品。

2 除前款规定外，根据法务省令规定，在必要时，刑事设施长官应当向被收容者借予室内装饰品以及其他刑事设施日常生活用品（第42条第1款各项规定的物品除外），或者向其配给嗜好品（酒除外。下同）。

第41条（自费购买物品的使用） 当服刑人员申请自费购买使用、食用下列物品或者食品、饮品（下一条第1款各项规定的物品除外，下款同。）的，从其处遇考虑适当的情形下，根据法务省令的规定，刑事设施长官应当准许。

一 衣物。

二 食品和饮品。

三 室内装饰品。

四 嗜好品。

五 日用品、文具以及刑事设施内的其他日常生活用品。

2 当服刑人员以外的被收容者申请自费购买使用前款规定物品和床上用品、自费购买食用前款规定食品、饮品的，除具有妨害刑事设施的纪律、秩序以及其他运营管理的危险和本章第12节规定的情形外，根据法务省令的规定，刑事设施长官应当准许。

第42条（自费购买辅助器具）在不妨害刑事设施的纪律、秩序以及其他运营管理的危险和本章第12节规定的情形下，刑事设施长官应当准许被收容者自费购买使用下列物品。

一 眼镜以及其他辅助物品。

二 进行个人合同作业的必要物品。

三 发送书信的信封以及其他物品。

四 第106条第1款所规定的外出或者外宿时使用的衣物或者其他物品。

五 法务省令规定的其他物品。

2 被收容者无力购买使用前款所规定的物品时，在必要时，刑事设施长官向其借予或者配给。

第43条（物品的借予基准）根据第40条或者上一条第2款的规定借予或者配给的物品必须是合适的，应当能够维持被收容者的健康并且考虑到国民生活状况，同时与被收容者的地位相适应。

第5节 贵重物品的处理

第44条（贵重物品的检查）刑事设施职员可以对下列贵重物品进行检查。

一 被收容者被收容之际所带来的现金和物品。

二 被收容者被收容过程中所取得的现金和物品（书信除外。下一项同。），该项所规定的现金以及物品之外。

三 该被收容者以外的人员带来或者托人送来的发给被收容者的现金以及物品。

第45条（收容时所持物品的处置）对于前一条第1项或者第2项规定的物品满足以下各项规定时，刑事设施长官可以将其交付给其亲属（包含事实婚姻中的亲属。下同。）以及其他相关人或者进行其他相应的处置。

一 不方便保管的物品。

二 容易腐烂或者毁损的物品。

三 危险物品。

2 根据前款规定要求处理物品时，被收容者未在规定期限处理的，刑事设施长官可以售卖物品、保管出售金。无法售卖的，可以废弃处理。

第 46 条（投送物品的退回） 对于第 44 条第 3 项所规定的现金以及物品具有下列所规定的情形之一时，刑事设施长官应当要求投送人取回投送物品。

一 交付给被收容者有可能危害刑事设施纪律、秩序的。

二 交付对象是服刑人员，投送人是其亲属以外的人员，该交付可能会对该服刑人员的矫正处遇产生妨害。

三 交付对象是未决拘禁者，根据刑事诉讼法规定其不得接受的交付物品。

四 投送人姓名不明的。

五 自费购买使用或者食用以及释放之际必要的物品之外的物品。

六 上一条第 1 款各项规定的物品。

2 第 44 条第 3 项所规定的现金或者物品，满足前款第 1 项至第 4 项的规定，因投送人住址不明无法根据前款规定退回的，为使之顺利退回，刑事设施长官应当根据政令规定的方法进行公告。

3 对于前款规定的现金或者物品，根据第 1 款规定要求取回的，或者根据前款规定从公告之日起经过 6 个月，投送人未取回该现金或者物品的，收归国库。

4 第 2 款所规定的物品属于第 1 款第 6 项所规定的情形的，刑事设施长官在前款所规定的期间内，可以对其进行售卖并保管现金。无法售卖的，可以废弃处理。

5 第 44 条第 3 项所规定的现金或者物品属于第 1 款第 5 项或者第 6 项所规定的情形的（该款第 1 项至第 4 项所规定的情形除外），由于投送人住址不明无法根据该款规定要求取回的，取回要求不当的，或者投送人拒绝取回的，刑事设施长官应当要求被收容者将之交付给其亲属以及其他相关者或者进行其他处理。

6 根据前款规定要求处分现金或者物品的，应当适用前一条第 2 款规定。

7 第 44 条第 3 款所规定的现金或者物品，不属于第 1 款所规定的情形时，被收容者拒绝接收的，刑事设施长官应当要求投送人取回。在此情形下，适用第 2 款以及第 3 款的规定。

第 47 条（物品的转交以及扣留）根据本法规定，被收容者可以使用、食用下列物品，应当将其转交给被收容者。

一 属于第 44 条第 1 项或者第 2 项所规定范围，不属于第 45 条第 1 款所规定范围的。

二 属于第 44 条第 3 项所规定范围的，不属于前一条第 1 款各项所规定范围的（被收容者拒绝接收的除外）。

2 下列贵重物品，由刑事设施长官扣留。

一 属于前款各项所规定的物品，但根据本法规定被收容者不能使用、使用的。

二 属于第 44 条各项所规定的现金，但不属于前一条第 1 款第 1 项、第 2 项以及第 4 项所规定情形的。

第 48 条（个人物品的保管）根据法务省令的规定，为维持刑事设施的管理运营，刑事设施长官对个人物品（被收容者保管的根据前一条第 1 款规定所接收的交付物品（包含根据第 5 款规定所接受的交付物品。）以及被收容者所接收的书信的保管。以下本章同。）的保管方法进行必要限制。

2 当被收容者保管的个人物品（法务省令规定的物品除外。）的总量（以下本节中称"保管总量"。）超过保管限制量（根据被收容者的不同地位，其可以保管的物品数量由刑事设施长官决定。以下本节同。）时，或者被收容者被扣留的物品（法务省令规定的物品除外）总量（以下本节中称"扣留总量"。）超过扣留限制量（根据被收容者的不同地位，其被扣留的物品数量由刑事设施长官决定。以下本节同。）时，刑事设施长官应当要求被收容者将过量的物品交付给其亲属或者其他相关人或者进行其他相应处理。易腐易毁物品，亦同。

3 第 45 条第 2 款规定，对前款规定的处理适用。

4 当被收容者请求刑事设施长官扣留其个人物品时，刑事设施长官认为请求合理的，可以扣留。但扣留总量超过扣留限制量的不在此限。

5 当被收容者请求交付前款规定的扣留物品时，刑事设施长官应当交付。但是，扣留总量超过扣留限制量的不在此限。

第 49 条（扣留金的使用）被收容者为了购买自费物品或者用于刑事设施

内日常生活开支，而申请使用被保管的现金的，刑事设施长官应当准许其使用必要金额的现金。但是用于自费物品购买的现金属于下列情形之一的，不在此限。

一　由于购买物品，将导致保管物品或者留置物品总量超过限制量的。

二　被收容者是未决拘禁者的，根据刑事诉讼法规定不允许交付的自费物品。

第 50 条（被保管的个人物品或者被扣留的贵重物品的交付）　当被收容者申请将被保管的个人物品或者被留置的贵重物品（第 133 条（包括在第 136 条、138 条、141 条、142 条以及 144 条中适用的情形）交付给其他人时，除下列情形外，刑事设施长官应当准许。

一　因交付（交付对象是亲属的除外。下一项同。）可能妨害刑事设施的纪律、秩序的。

二　被收容者是服刑人员的，因交付可能妨害其正当矫正处遇的。

三　被收容者是未决拘禁者的，根据刑事诉讼法的规定不允许交付的物品。

第 51 条（关于投送的限制）　除本节规定外，根据法务省令的规定，出于刑事设施管理运营的需要，刑事设施长官可以对投送人将贵重物品交付给被收容者或者被收容者自费购买物品进行必要限制。

第 52 条（扣留物的返还）　在被收容者获得释放之际，刑事设施长官应当将扣留的贵重物品予以返还。

第 53 条（被释放者的遗留物）　获释的被收容者的遗留物（遗留在刑事设施内的贵重物品。以下本章同。），从释放之日起算经过 6 个月，该人员没有申请返还的，或者没有交付返还所必须的费用的，该遗留物收归国库。

2　在前款期间内，刑事设施长官可以对可能腐烂或者毁损的遗留物进行废弃处理。

第 54 条（逃走者的遗留物）　被收容者属于下列情形之一的，从各情形所规定之日起算经过 6 个月，该人员没有申请返还的，或者没有交付返还所必须的费用的，该遗留物收归国库。

一　逃走的　逃走之日。

二　根据第 83 条第 2 款规定放出的，在该条第 3 款规定必须避难的事由消失后没有根据该款规定迅速出现的 必须避难的事由消失之日。

三 在第 96 条第 1 款规定的作业或者第 106 条第 1 款规定的外出或者外宿情形。中，刑事设施长官指定之日未按时返回刑事设施的 刑事设施长官指定之日

2 前一条第 2 款的规定适用于前款中的遗留物。

第 55 条（死者的遗留物）根据法务省令的规定，死亡的被收容者的遗物，在其亲属（法务省令规定的亲属以及其他相关人。以下本章同。）的申请时，应当予以返还。

2 死亡的被收容者有遗物，其亲属住所不明根据本法第 176 条规定无法通知的，刑事设施长官应当根据政令规定的方法进行公告。

3 根据第 176 条的规定进行通知或者前款规定进行公告之日起算经过 6 个月，没有进行第 1 款的申请的，将第 1 款中的遗物收归国库。

4 第 53 条第 2 款的规定适用于第 1 款中的遗物。

第 6 节　保健卫生及医疗

第 56 条（保健卫生以及医疗原则）为了保障被收容者的身心健康，以及维持被收容者的健康和刑事设施内的卫生，应当参照社会一般的保健卫生及医疗标准，为被收容者提供适当的保健卫生和医疗措施。

第 57 条（运动）为了服刑人员的身体健康，除星期天、法务省令规定的其他日期外，刑事设施长官应当尽力为其创造合适的户外运动机会。但是，因审判出庭以及其他事情不能进行户外运动的不在此限。

第 58 条（被收容者的整洁义务）被收容者应当保持身体、衣着、使用物品、居室以及其他日常所在场所的整洁。

第 59 条（入浴）根据法务省令规定，为了保健卫生应当让被收容者定期入浴。

第 60 条（剪发和剃须）根据法务省令规定，应当给服刑人员理发、剃须。

2 当服刑人员申请自费理发时，处遇上适当的，刑事设施长官可以准许。

3 根据法务省令规定，服刑人员以外的被收容者申请理发、剃须的，刑事设施长官应当准许。

第61条（健康诊断）根据法务省令规定，从被收容者被收容时、以及之后每年，刑事设施长官都应当对其进行1次以上的定期体检。刑事设施内卫生保健必要时，亦同。

2 被收容者必须接受前款规定的定期体检。不得拒绝进行健康体检必要限度内的抽血、X光检查以及其他医学检查。

第62条（诊疗等）当被收容者具有下列情形之一时，刑事设施长官应当及时组织刑事设施内的专职医生（指医生或者牙科医生。下同。）进行诊疗（包括营养补给措施。下同。）以及采取其他医疗上的必要措施。但是，在第1项规定的情形中，在被收容者没有生命危险或者不具有将疾病传染给他人的危险时，不得违背其意愿。

一 受伤、生病或者疑似受伤、生病时。

二 不摄取食物，可能危害生命。

2 在本条前款规定的情形中，根据伤病的种类及程度，刑事设施长官认为必要时，可以组织非刑事设施内的专职医生进行诊疗。

3 在本条前两款规定的情形中，必要时刑事设施长官可以准许被收容者去刑事设施外的医院或者诊所就诊，特殊情况下可以准许被收容者在刑事设施外的医院或者诊所住院。

第63条（指定医生诊疗）当生病、受伤的被收容者申请指定非刑事设施职员的医生问诊时，根据疾病的种类、程度、被收容前该医生的诊疗记录以及其他事项，认定合适的，刑事设施长官应当准许被收容者在刑事设施内进行该自费医疗。

2 刑事设施长官同意被拘留人员依据前款规定接受诊疗的，为核对该医生等（以下称"指定医生"。）的治疗方法或者为之后被收容者的治疗考虑，刑事设施长官可以指定刑事设施职员陪同诊疗，或者向指定医生询问治疗情况，或者要求其提交诊疗记录复印件及其他诊断相关资料。

3 指定医生进行诊疗时，应当遵守刑事设施长官依据内阁府令指示的遵守事项。

4 依据第1款规定被收容者被准许接受诊断治疗的，如指定医生未遵守第2款规定的刑事设施长官所采取的措施，或者前款规定的刑事设施长官指示的遵守事项，或者出现其他不宜继续进行诊疗的情况时，刑事设施长官可要求指定医生中止诊疗，并且今后不再准许被收容者接受该指定医生的诊疗。

第64条（传染病预防措施）为了预防传染病或者防止传染病蔓延，除对被收容者采取本法第61条规定的健康诊断和第62条规定的诊疗以及其他必要的医疗措施之外，刑事设施长官应当组织对被收容者接种疫苗、进行隔离直到不具有传染风险为止以及采取法务省令规定的其他措施。

第65条（养护措施）对于被收容者中的老人、孕妇、身体虚弱者以及其他需要养护的人，应当根据养护必要，采取与养护伤病者相应的措施。

2 被收容者生产时，应当将其送入刑事设施外的医院、诊疗所或者助产所，特殊情况除外。

第66条（婴幼儿的养育）当女性被收容者提出在刑事设施内养育婴儿的申请时，刑事设施长官认为必要的，可以准许其将该婴儿养育到1岁。

2 被收容者针对前款规定的达到1岁的幼儿，提出继续在刑事设施内养育申请的，根据被收容者的身心状况以及该幼儿确实有必要继续养育的，可以在6个月期限内予以延长。

3 根据前两款规定，被收容者养育婴幼儿的，应当向其借予、配给养育婴幼儿所必要的物品。

4 在本条前款规定中，被收容者针对养育婴幼儿的物品，提出自费购买使用、使用或者给婴幼儿使用、食用的，在不妨碍刑事设施内的纪律、秩序及其他运营管理的情况下，应当准许。

5 根据本条第1款、第2款规定，养育在刑事设施内的婴幼儿，其健康诊断、诊疗以及其他必要措施，参照被收容者。

第7节　宗教上的行为

第67条（单独进行宗教上的行为）不得禁止或者限制被收容者单独进行礼拜或者宗教行为的。但是，可能妨害刑事设施内的纪律、秩序维持以及其他运营管理的，不在此限。

第68条（宗教上的仪式与教诲）刑事设施长官应当努力为被收容者创造参加宗教家（仅限于民间志愿者。以下本款同。）举行的宗教仪式或者接受宗教家教诲的机会。

2 可能妨害刑事设施内的纪律、秩序维持以及其他运营管理的，刑事设施长官可以拒绝被收容者参加前款规定的宗教仪式，或者不准其接受该款规定的教诲。

第8节 书籍等的阅览

第69条（自费书籍的阅览）除本节及本章第12节的规定外，不得禁止或者限制被收容者自费阅读书籍。

第70条 具有下列情形之一时，刑事设施长官可以禁止被收容者自费阅览书籍。

一 可能产生危害刑事设施纪律、秩序的后果的。

二 被收容者是服刑人员的，可能妨害其矫正处遇正常实施的。

三 被收容者是未决拘禁者的，可能发生毁灭罪证后果的。

2 根据前款规定为了确认有无禁止阅览事由需要对自费阅读书籍进行翻译的，根据法务省令规定，翻译费用由被收容者承担。被翻译者不承担该费用的，禁止阅读该书籍。

第71条（关于报刊的限制）根据法务省令的规定，对被收容者获取报纸的范围和方法，刑事设施长官可以进行管理运营上的必要限制。

第72条（给与收看、收听时事新闻的机会）刑事设施长官应当通过配备日刊报纸、播放新闻以及其他方法，尽力为被收容者创造收看、收听时事新闻的机会。

2 作为本法第39条第2款规定的援助措施，刑事设施长官应当在刑事设施内配备书籍。该书籍阅读方法，由刑事设施长官决定。

第9节 纪律秩序的维持

第73条（刑事设施内的纪律、秩序）必须维持刑事设施内的纪律、秩序正常。

2 为达到前款目的，所采取的措施不能影响正常的收容、处遇环境和破坏被收容者安全、平稳的生活。

第74条（遵守事项等）刑事设施长官规定被收容者应当遵守的事项（以下简称"遵守事项"）。

2 应根据各被收容者的情况，针对以下各事项作具体规定。

一 不得实施犯罪行为。

二 不得对他人采取粗鲁或粗暴的言语或行为，或者实施妨碍他人的行为。

三 不得实施自残的行为。

四 不得实施妨碍刑事设施职员执行任务的行为。

五 不得实施可能妨碍自己或他人收容状态的行为。

六 不得实施可能危害收容设施安全的行为。

七 不得实施破坏收容设施内环境或扰乱风纪的行为。

八 不得实施非法使用、持有、任意授受财物等其他行为。

九 除上述各项规定外，其他维护刑事设施纪律、秩序所必须的事项。

十 不得策划、实施违反以上各项规定的遵守事项或者第96条第4款（包含在第106条第2款适用的情形。）规定的特别遵守事项，或者煽动、教唆、帮助他人实施该行为的行为。

3 除前两款规定之外，为维持刑事设施内的纪律、秩序，必要时，刑事设施长官及其指定的职员可以对收容者提出生活及行为方面的要求。

第75条（身体检查等）为维持刑事设施的纪律、秩序，必要时，刑事设施长官可对被收容者的人身，衣物，所持物品及卧室进行检查，可以取走其所持物品由刑事设施暂时代为保管。

2 第34条第2款的规定，适用于根据前款规定对女性被收容者身体、衣物检查时的情形。

3 为维持刑事设施内的纪律、秩序，必要时，刑事设施长官可对刑事设施内被收容者以外的人（辩护人等除外）的衣物、携带物品进行检查，同时可取走其携带物品由刑事设施暂时代为保管。

4 前款所述的检查，不包括对图文书画内容的检查。

第76条（服刑人员的隔离）服刑人员具有下列情形之一的，刑事设施长官可以将其与其他被收容者隔离。在此情形下，运动、入浴、会见以及法务省令规定的其他情形除外，其他处遇昼夜均在室内进行。

一 与其他被收容者接触可能会危害刑事设施内的纪律、秩序的。

二 可能会伤害其他被收容者，采取其他方法不能避免的。

2 前款规定的隔离期间为3个月。但是特殊情况下有必要继续隔离的，刑事设施长官可以每月审核一次是否继续隔离。

3 在前款规定的期间内，不再有必要继续隔离的，刑事设施长官可以直接解除隔离。

4 对根据第 1 款规定隔离的服刑人员，刑事设施长官应当就其健康状态每 3 个月听取 1 次以上刑事设施内的职员医生的意见。

第 77 条（制止措施） 当被收容者自伤、伤害他人、逃跑、妨害刑事设施职员执行公务、严重危害刑事设施内的纪律、秩序，或者企图做上述事项时，为制止其行为，刑事设施长官可以拘束被收容者或者采取其他制止其行为的措施。

2 被收容者以外的人员具有下列情形之一的，为制止其行为，刑事设施长官可以拘束该人员或者采取其他制止其行为的措施。

一 侵入刑事设施，破坏刑事设施内的设备、妨害刑事设施内的工作人员执行公务，或者企图做出这些行为的。

二 不听从刑务官的要求，退出刑事设施的。

三 帮助、煽动、教唆被收容者逃跑或者妨害刑事设施内的工作人员执行公务的。

四 侵害被收容者或者企图侵害的。

2 前两款措施中所必要的警备用具，由法务省令规定。

第 78 条（法绳，手铐，紧身衣及消声器具的使用） 刑务官在护送被收容者时，或者被收容者可能实施下列行为之一时，依据法务省令规定，可使用法绳或手铐。

一 逃跑。

二 实施自残行为或者伤害他人的行为。

三 破坏刑事设施的设备、器具或其他物品。

2 在被收容者可能自残，且其他方法无法阻止该行为时，根据刑事设施长官的命令，刑务官可以使用拘束衣。但是，不能同时使用法绳、手铐。

3 在前款规定的情形中，在刑事设施长官的命令下达之前，紧急情况的，刑务官可直接使用拘束衣，但应当及时将有关情况报告刑事设施长官。

4 拘束衣的使用期限为 3 小时。但是，若有必要继续使用拘束衣的，可在不连续超过 12 个小时的前提下，由刑事设施长官每 3 小时审核一次是否有必要继续使用。

5 在前款规定的期间内，没有必要继续使用拘束衣的，刑事设施长官应当立即停止使用。

6 对被收容者使用拘束衣或者更新使用期间时，刑事设施长官应及时就被收容者的健康状况听从刑事设施内职员医师的意见。

8 法绳、手铐、拘束衣的规格由法务省令规定。

第 79 条（保护室的收容） 当被收容者具有下列情形之一时，根据刑事设施长官的命令，刑务官可以将其收容于保护室。

一 可能自残的。

二 具有下列三种情形之一，严重为危害刑事设施内的纪律、秩序的。

1 不服从刑务官管理，大声喧哗或者制造噪音的。

2 可能伤害他人的。

3 可能损坏或者污染刑事设施内的设备、器具以及其他物品的。

2 在前款规定的情形中，在刑事设施长官的命令下达之前，紧急情况的，刑务官可直接将被收容者收容进保护室，但应当及时将有关情况报告刑事设施长官。

3 保护室的收容时间是 72 小时。但是，若有必要继续收容的，刑事设施长官应当每 48 小时审核一次是否有必要继续使用。

4 在前款规定的期间内，没有必要继续收容的，刑事设施长官应当立即停止使用。

5 将被收容者收容进保护室或者更新收容期间时，刑事设施长官应及时就被收容者的健康状况听从刑事设施内职员医师的意见。

6 保护室的构造及设备基准由法务省令规定。

第 80 条（武器的携带与使用） 在法务省令有规定的情形下，刑务官可以携带小型武器。

2 当被收容者具有下列情形之一时，根据事态缓急，在合理且必要的限度内，刑务官可以使用武器。

一 暴动或者企图暴动的。

二 严重伤害或者企图严重伤害他人的。

三 抢夺或者企图抢夺刑务官或者刑事设施内的武器的。

四 不服从刑务官命令，继续携带凶器的。

五 不服从刑务官的制止、对刑务官使用暴力或者进行集体压制逃跑或者企图逃跑的，或者帮助其他被收容者逃跑的。

3 当被收容者以外的人员具有下列情形之一时，根据事态缓急，在合理且必要的限度内，刑务官可以使用武器。

一 在被收容者暴动或者企图暴动时，参加或者现场帮助的。

二 严重伤害或者企图严重伤害被收容者的。

三 抢夺或者企图抢夺刑务官或者刑事设施内的武器的。

四 携带或者使用枪支、爆炸物以及其他凶器强行进入刑事设施或者毁坏刑事设施内的设备的，或者企图实施这些行为的。

五 用暴力或者胁迫手段抢走或者释放以及企图抢走或者释放被收容者的。

4 在根据前两款规定使用武器之际，除刑法（1907 年第 45 号法律）第 36 条、第 37 条以及以下各项规定的情形外，不得伤人。

一 刑务官有足够的理由确信没有其他办法制止第 2 款各项规定的被收容者的行为的。

二 刑务官有足够的理由确信没有其他办法制止前款各项规定的被收容者以外人员的行为的。但是，除本款第 2 项规定之外，仅限于不听从刑务官的制止实施相关行为的。

第 81 条（带回收容）被收容者具有下列情形之一时，从各项规定的时间开始应当 48 小时内着手寻找带回。

一 逃走的 逃走之时。

二 第 96 条第 1 款规定的作业或者第 106 条第 1 款规定的外出、外宿的，在刑事设施长官指定的时间没有回到刑事设施的 该指定时间。

第 82 条（灾害时的应急工作）在地震、火灾以及其他灾害发生时，为保护刑事设施内人员的生命或者健康，必要时刑事设施长官可以让被收容者在刑事设施内及其附近从事灭火、救人以及其他应急工作。

2 根据前款规定被收容者在紧急工作中死亡、受伤或者生病的，适用本法

第 100 条至第 102 条的规定。

第 83 条（灾害时的避难及放出）在地震、火灾及其他灾害发生之际，刑事设施内没有避难场所的，刑事设施长官应当将被收容者送往适当的场所。

2 在前款规定中，不能护送被收容者的，刑事设施长官应当将被收容者从刑事设施放出。在地震、火灾以及其他灾害发生之际，不能护送被收容者至刑事设施外的适当避难场所的，亦同。

第 10 节　矫正处遇得实施

【一】通则

第 84 条（矫正处遇）作为矫正处遇，对服刑人员实施本法第 92 条、第 93 条规定得作业以及第 103 条、第 104 条规定的指导。

2 矫正处遇必须基于处遇要领（矫正处遇实施要领是指根据不同服刑人员制定的矫正处遇目标及其基本内容、方法。以下本条同。）进行。

3 处遇要领以法务省令的规定为依据，由刑事设施长官依据对服刑人员的个人资质、成长环境的调查结果制定。

4 必要时，处遇要领的制定应当考虑被收容者的意愿。处遇要领变更时，亦同。

5 根据需要，矫正处遇应当有效利用医学、心理学、教育学、社会学以及其他专业知识和技术。

第 85 条（行刑开始时以及释放前的指导）除对服刑人员进行矫正处遇，在下列期间内应当进行相应的指导。

一 行刑开始后，在法务省令规定的期间，进行关于服刑意义、其他矫正处遇实施的基础事项以及刑事设施内的生活、行动指导。

二 释放前，在法务省令规定的期间内，进行释放后社会生活常识、服刑者的复归以及释放后的生活指导。

2 前款第 2 项所规定的服刑人员的处遇，应当尽量在具备适当设备和环境的场所进行，必要时，根据第 106 条第 1 款的规定准许外出或者外宿，以及采取其他有利于其顺利复归社会的措施。

3 刑事设施长官应当根据法务省令规定的基准，确定第 1 款各项规定的指导日期及时间。

第86条（集体处遇）在矫正处遇以及前一条第1款规定的指导（以下称"矫正处遇等"。）时，为了达到实施效果，必要时集体进行。

2 前款规定的情形中，有特殊需要的，不受第4条第1款的限制，在居室外可以不进行该款第1项中的分类。

第87条（刑事设施外处遇）为了实现矫正处遇的实施效果，在必要限度内，可以在刑事设施外的适当场所进行。

第88条（限制的放宽）为了培养服刑人员的自发性与自律性、维持刑事设施内的纪律秩序对服刑人员的生活、行动进行限制，根据法务省令的规定，依据第30条目的达成的可能性高低，应当对该限制相应放宽。

2 在前款规定的情形中，达成第30条目的可能性特别高的服刑人员，根据法务省令规定，其处遇可以在开放的设施（部分确保收容的设备、措施不适用或者法务大臣的全部或者部分非刑事设施标准的设施）内实施。

第89条（优待措施）为了唤起服刑者的改过自新意愿，根据法务省令规定，在下列处遇中，根据定期评估的服刑态度，刑事设施长官应当采取相应的优待措施。一 借予或者配给第40条第2款规定的物品。

二 准许自费使用、食用第41条第1款规定的物品。

三 设定第111条规定的会见时间及次数。

四 法务省令规定的其他处遇。

第90条（社会合作）在对服刑人员实施处遇时，必要情形下，刑事设施长官可以要求服刑人员的家人、民间志愿者、相关行政机关以及其他人员提供协助。

2 前款中的协助人员，在进行协助的过程中不得将相关秘密泄露给服刑人员。

第91条（向公务所等咨询）在对服刑人员的个人资质及成长环境进行调查时，必要情形下，刑事设施长官可以咨询公务所以及公私团体并要求其就必要事项提供建议。

【二】作业

第92条（惩役服刑人员的作业）惩役服刑人员（仅限于收容在刑事设施内的服刑人员。以下本节同。）的作业由刑事设施长官指定。

第 93 条（禁锢服刑人员的作业）禁锢服刑人员（仅限于收容在刑事设施内的服刑人员。以下本节同。）或者被拘留的服刑人员向刑事设施长官提出申请要求制定作业的，根据法务省令规定，应当准许其参加作业。

第 94 条（作业的实施）实施作业的目的是提升服刑人员的劳动意愿，使其具备有用的职业知识、技能。

2 必要时，为让服刑人员取得职业资格证书或者学习职业知识、技能，可以培训为目的让其从事相关作业。

第 95 条（作业的条件等）刑事设施长官应当遵守法务省令规定，制定每天的作业时间以及明确不从事作业的日期。

2 为了保障从事作业的服刑人员的安全、卫生，刑事设施长官必须采取必要的措施。

3 面对前款规定的刑事设施长官所采取的措施，服刑人员必须遵守相关必要事项。

4 法务大臣应当根据劳动安全卫生法（1972 年第 57 号法律）、其他法令规定的为确保劳动者的安全卫生经营者应当采取的措施以及劳动者必须遵守的事项，制定本条第 2 款规定的刑事设施长官应当采取的措施以及前款规定的服刑人员必须遵守的事项。

第 96 条（外部通勤作业）经过了刑法第 28 条（包含在国际服刑者移送法第 21 条中适用的情形。）、少年法第 58 条、国际服刑者移送法第 22 条中规定的准许假释期间的惩役服刑人员或者禁锢服刑人员，满足本法第 88 条第 2 款规定的可以在开放设施内进行处遇的、以及具备其他法务省令规定的事由的，为使其顺利复归社会，在没有刑事设施内的职员陪同的情形下，可以到刑事设施外的营业场所（以下本条中称"外部营业场所"。）进行通勤作业。

2 前款规定的作业（以下称"外部通勤作业"。）是指从事外部营业场所的业务或者在外部营业场所接受职业训练。

3 服刑人员进行外部通勤作业时，刑事设施长官应当根据法务省令的规定，就服刑人员所从事作业的种类、作业时间、确保作业时安全卫生的措施以及其他实施外部通勤作业的必要事项，与相关外部营业机构的营业者进行商定。

4 在服刑人员进行外部通勤作业之际，刑事设施长官应当事先制定该服刑人员外部通勤作业的遵守事项（以下本条称"特别遵守事项"。），并告知服刑人员。

5 下列具体事项为特别遵守事项。

一 必须按照指定的路径与方法通勤。

二 必须在指定的时间回到刑事设施。

三 无正当理由，不得进入外部通勤作业场所以外的场所。

四 必须服从外部营业者作业上的指导。

五 无正当理由，不得与有犯罪倾向或者可能妨碍矫正处遇正常进行的其他人接触。

6 参加外部通勤作业的服刑人员不遵守事项或者特别遵守事项以及出现其他不适合继续外部通勤作业的事由时，刑事设施长官应当中止服刑人员的外部通勤作业。

第 97 条（作业收入）被收容者进行作业的收入，归国库所有。

第 98 条（作业奖励金）对于从事作业的服刑人员，在其被释放之际（成为服刑人员以外的被收容者的情形的，成为服刑人员以外的被收容者的时间），应当给其支付与奖励金计算额相当的作业奖励金。

2 刑事设施长官根据法务省令的规定，每月核算服刑人员前一个月从事作业的金额，根据法务大臣制定的基准，依据作业成绩以及其他业务成绩算出的金额计入奖励金额中。但是，释放当月的作业金额，在释放时计算。

3 上一款规定的基准，考量作业的种类、内容、作业所必需的知识、技能的难易程度制定。

4 服刑人员在释放之前申请支付作业奖励金的，其使用奖励金的目的是购买自费物品、支持亲属生计、赔偿被害人损失的，不受第 1 款规定的限制，根据法务省令的规定，在支付时的奖励金额度内，刑事设施长官可以支付其申请额度的全部或者一部分。此时，应当从核算的奖励金额度中扣除支付额度。

5 服刑人员具有下列情形之一的，从以下各项规定之日起经过 6 个月未被收容进刑事设施的，其作业奖励金归零。

一 逃走的 逃走之日。

二 第 83 条第 2 款规定的放出的情形中，该条第 3 款规定的必须避难的事由消失后没有迅速出现在本款所规定的场所的 必须避难的事由消失之日。

三 外部通勤作业、本法第 106 条第 1 款规定的外出或者外宿的情形中，在刑事设施长官指定之日未返回刑事设施的 刑事设施长官指定之日。

第 99 条（奖励金向遗属支付）服刑人员死亡的，根据法务省令规定，按照死亡时释放的标准计算作业奖励金，并支付给其遗属。

第 100 条（补贴金）服刑人员因作业死亡的（包含因作业受伤、生病的服刑人员转变为服刑人员以外的被收容者，该收容者因受伤、生病死亡的情形），根据法务省令规定，刑事设施长官应当向其遗属支付死亡补贴金。

2 服刑人员因作业受伤、生病治愈后落下残疾的（包含因作业受伤、生病的服刑人员转变为服刑人员以外的被收容者的，该收容者被治愈后的情形），根据法务省令规定，刑事设施长官应当向其支付残疾补贴金。但是，服刑人员因故意或者重大过失受伤、生病的，可以不支付或者支付一部分残疾补贴金。

3 前两款规定中的补贴金金额，参照劳动基准法（1947 年第 49 号法律）中灾害补偿金的计算标准根据法务省令制定的标准计算。

4 因作业受伤、生病的服刑人员释放时仍没有治愈的（包含因作业受伤、生病的服刑人员转变为服刑人员以外的被收容者的，该收容者被释放时仍然没有治愈的情形），参考其受伤、生病的性质、程度以及其他状况，必要时，根据法务省令规定支付该人员特别补贴金。

第 101 条（损害赔偿的调整）国家同时承担国家赔偿法（1947 年第 125 号法律）、民法（1968 年第 89 号法律）以及其他法律的规定的损害赔偿责任、支付前一条所规定的补贴金的，基于同一事由，在规定补贴金额限度内不进行第二次赔偿。

2 在前款规定的情形中，应当被支付前一条所规定的补贴金的人员，基于同一事由获取国家赔偿法、民法以及其他法律上的损害赔偿的，国家在赔偿金额的限度内不再支付该条所规定的补贴金。

第 102 条（保障获取补贴金的权利）第 100 条所规定的获取补贴金的权利

不可让渡、担保、抵押。

2 不得针对被收容者获取的第 100 条所规定的补贴金，征税和杂费。

【三】各种指导

第 103 条（改善指导）为使服刑人员悔罪、身心健康以及具备适应社会生活所必须的知识和生活态度，刑事设施长官应对其进行必要的指导。

2 服刑人员具有下列情形妨碍其改过自新以及顺利复归社会的，除对其进行前款所规定的改善指导外，还应针对这些事项进行特别改善指导。

一 具有大麻、兴奋剂以及其他药物依赖的。

二 暴力团成员不正当行为防止法（1991 年第 77 号法律）第 2 条第 6 项规定的暴力团人员。

三 其他法务省令规定的情形。

第 104 条（教科指导）刑事设施长官应当对欠缺社会生活基础学力妨碍改过自新以及顺利复归社会的服刑人员进行教科指导（以学校教育法（1947 年第 26 号法律）规定的学校教育内容为基准进行的指导。下一项同。）。

2 除前款规定之外，刑事设施长官应当为希望提升学力以顺利复归社会的服刑人员提供与之学力相应的教科指导。

第 105 条（指导的日期及时间）刑事设施长官应当遵守法务省令的规定，制定前两条规定的指导进行的日期及时间。

【四】外出和外宿

第 106 条（外出和外宿）刑法第 28 条（包含在国际服刑者移送法第 21 条中适用的情形。）、少年法第 58 条、国际服刑者移送法第 22 条中规定的准许假释期间的惩役服刑人员或者禁锢服刑人员，满足本法第 88 条第 2 款规定的可以在开放设施内进行处遇的、以及具备其他法务省令规定的事由的，为使该服刑人员顺利复归社会、或者确保其释放后的住所、工作以及其他重要事项，或者拜访具有更生保护关系的人以及进行其他释放后对社会生活有用的体验活动的，刑事设施长官应当准许该服刑人员外出，或者 7 日以内的外宿。但是，外宿仅限于执行了 6 个月以上的刑期的服刑人员。

2 第 96 条第 4 款、第 5 款（第 4 项除外）以及第 6 款的规定，对前款规定的外出、外宿适用。

第 107 条（刑期不计入）前一条第 1 款规定的外宿人员，在刑事设施长官指定的时间未返回刑事设施的，该外宿期间不计入刑期，但是非因自己责任产生的事由导致不能按时回归的，不在此限。

第 108 条（外出所需费用）服刑人员无力承担本法第 106 条第 1 款规定的外出或者外宿所需要的费用的，必要时，可由国库承担全部或者一部分。

【五】拥有未决拘禁者地位的服刑人员

第 109 条 对拥有未决拘禁者地位的服刑人员适用本法第 84 条第 1 款以及第 89 条的规定时，以"在不危害未决拘禁者地位的限度内，并且考虑其拘禁期间可能的范围内，进行矫正处遇"替代"矫正处遇"，以"在第 119 条适用的第 111 条"替代"第 111 条"。

2 对于拥有未决拘禁者地位的服刑人员，不适用本法第 86 条至第 88 条、第 96 条以及前一款的规定。

第 11 节　外部交流

【一】服刑人员的注意事项

第 110 条 根据本节规定，准许、禁止、中止、限制服刑人员外部交流（会见、信件发收以及本法第 146 条规定的通信。以下本条同。）时，应当注意有利于服刑人员改过自新和顺利复归社会的正当外部交流。

【二】会见

【1】服刑人员

第 111 条（会见对象）刑事设施长官收到来自下列人员提出的会见服刑人员的申请时，除依据本法第 148 条第 3 款规定的禁止会见情形外，应当给予准许。在此情形下，适用前提的但书规定。

一 服刑人员的亲属。

二 因婚姻关系的调整、诉讼的进行、工作的维持以及其他死刑确定人员身份上、法律上或者业务上有关的重大利害关系相关的业务处理，而必须会见的人员。

三 与服刑人员的更生保护有关的人员、欲在服刑人员被释放后对其进行雇用的人员以及其他被认为允许会见有利于服刑人员改过自新的人员。

2 刑事设施长官，在收到前款各项所列人员之外的人提出的会见服刑人员的申请时，认为准许会见对于维持服刑人员的交友关系必要的以及其他有必需会见的事由的，并且认定准许会见不会妨碍刑事设施内的纪律以及秩序的，应当予以准许。

第 112 条（列席会见）为维持刑事设施内的纪律或者秩序、服刑人员正当的矫正处遇以及出于其他理由，必要时，刑事设施长官可以指名职员列席服刑人员的会见，并对会见状况进行录音或者录像。但是，除有可能产生危害刑事设施内的纪律以及秩序的特殊情形外，服刑人员同下列人员会见，不得列席以及录音录像。

一 国家或者地方公共团体机关的职员对刑事设施长官对服刑人员采取的措施以及其所受的其他处遇进行相关的调查。

二 依据律师法第 3 条第 1 款（1949 年第 205 号法律）的规定就刑事设施长官对服刑人员所采取的措施以及其所受的其他处遇，律师履行职务会见的。

第 113 条（会见的暂停与终止）服刑人员或者其会见对象具有下列情形之一的，刑事设施职员可以制止其行为或者发言，或者暂停会见。此时，为了暂停会见，可以命令服刑人员及其会见对象离开会见场所，以及采取其他必要措施。

一 服刑人员及其会见对象具有下列行为之一时。

1 违反下一条第 1 款规定的限制。

2 妨害刑事设施的纪律、秩序。

二 服刑人员或者其会见对象，具有下列情形之一的发言时。

1 使用暗语以及其他刑事设施职员不能理解的内容。

2 共谋、煽动或者教唆犯罪的。

3 可能妨害刑事设施的纪律、秩序的。

4 可能妨害服刑人员正当处遇的。

5 因需要处理特定事务准许会见的，有明显超出需要处理特定事务的谈话。

2 根据前款规定暂时停止会见的，刑事设施长官经判断认定没有继续会见必要的，可以终止会见。

第 114 条（会见的限制）根据法务省令规定，为维持刑事设施内的纪律、秩序以及出于其他运营、管理方面的需要，刑事设施长官可以对服刑人员会见的人数、会见场所、日期、时间、时长、次数以及会见形式进行限制。

【2】未决拘禁者

第 115 条（会见对象）其他人员申请会见未决拘禁者的，除本法第 148 条第 3 款或者下节的规定之外，刑事设施长官应当准许。但是，根据刑事诉讼法规定不准许会见的，不在此限。

第 116 条（刑事设施职员列席会见律师以外的人员）未决拘禁者同律师以外的人员会见的，刑事设施长官应当指定刑事设施职员列席会见，或者对会见情况进行录音、录像。但是，妨害刑事设施内的纪律、秩序以及可能发生毁灭罪证的结果的，可以不列席会见以及录音录像（下一款称"列席会见"）。

2 未决拘禁者同本法第 112 条各项规定的人员会见，不受前款规定限制，除妨害刑事设施内的纪律、秩序以及可能发生毁灭罪证的结果之外，刑事设施长官不得指定职员列席会见。

第 117 条（会见的暂停与终止）本法第 113 条（除第 1 款第 2 项⑤之外）的规定对未决拘禁者适用。在此情形中，以"各项任一情形（与律师等的会见，仅限于第 1 项②）替代该款中"各项任一情形"，以"毁灭罪证的结果"替代本款第 2 项④中"可能妨害服刑人员正当处遇的"。

第 118 条（会见的限制）律师同未决拘禁者会见的日期及时间段应当为星期天、其他政令规定的日期之外的日期和刑事设施的上班时间。

2 前款的会见人数应为 3 人以内。

3 在律师等没有根据前两款规定提出会见申请时，为了维持刑事设施的纪律秩序以及出于其他运营管理上的需要，刑事设施长官可以对会见场所进行限制。

4 根据法务省令规定，为了维持刑事设施的纪律秩序以及出于其他运营管理上的需要，刑事设施长官可以对第 1 款规定的会见的场所进行限制。

5 本法第 114 条的规定对未决拘禁者与辩护人以外的人的会见适用。在适用时，以"1 日 1 次"替代该条第 2 款中的"1 月 2 次"。

【3】具有未决拘禁者地位的服刑人员

第 119 条 本法第 111 条、第 113 条、第 114 条、第 116 条以及前一条第 1
款至第 4 款的规定，对具有未决拘禁者地位的服刑人员的会见适用。在适用
时，以"情形以及根据刑事诉讼法规定不允许的情形"替代第 111 条第 1 款
中的"情形"，以"时，根据刑事诉讼法规定不允许的情形除外"替代该条
第 2 款中的"时"，以"各项任一情形（与律师等会见的仅限于第 1 项②）"
替代第 113 条第 1 款中的"各项任一情形"，以"可能妨害，或者发生毁灭罪
证的结果"替代本款第 2 项④中的"可能妨害"，以"限制会见（会见律师
除外。）"替代第 114 条第 1 款中的"限制会见"。

【4】死刑确定人员

第 120 条（会见对象）下列人员申请会见死刑确定人员（具有未决拘禁
者地位的除外。以下同。）时，除第 148 条第 3 款以及下一节规定的禁止情形
外，刑事设施长官应当准许。

一 死刑确定人员的亲属。

二 因婚姻关系的调整、诉讼的进行、工作的维持以及其他死刑确定人员
身份上、法律上或者业务上有关的重大利害关系相关的业务处理，而必须会
见的人员。

三 准许会见有利于死刑确定人员心情安定的人员。

2 前款各项规定以外的人员申请会见死刑确定人员的，对于维护该死刑确
定人员的交友关系以及由于其他原因必须会见的，并且准许会见不会妨害刑
事设施内的纪律秩序的，刑事设施长官应当准许会见。

第 121 条（列席会见）为维持刑事设施内的纪律或者秩序以及出于其他
理由，必要时，刑事设施长官可以指名职员列席死刑确定人员的会见，并对
会见状况进行录音或者录像。但是，死刑确定者进行诉讼准备的以及需要保
护其他正当利益的，不列席会见、录音录像正当的，不在此限。

122 条（会见的暂停与终止）本法第 113 条（除第 1 款第 2 项④之外）以
及第 114 条的规定对死刑确定人员适用。在适用时，以"1 日 1 次"替代该条
第 2 款中的"1 月 2 次"。

【5】 具有未决拘禁者地位的死刑确定人员

第123条 本法第113条、第118条、第120条以及第121条的规定，对具有未决拘禁者地位的死刑确定人员适用。在适用时，以"各项任一情形（与律师等会见的仅限于第1项②）"替代第113条第1款中的"各项任一情形"，以"毁灭罪证的结果"替代本款第2项④中的"妨害服刑人员正当矫正处遇"，以"情形以及刑事诉讼法规定的不允许会见的情形"替代第120条第1款中的"情形"，以"时，根据刑事诉讼法规定不允许的情形除外"替代"时"，以"列席会见（会见律师除外。）"替代"列席会见"。

【6】 各种被收容者

第124条 （会见对象）其他人员申请会见各种被收容者的，除本法第148条第3款以及下一节的规定禁止的情形外，刑事设施长官应当准许。

第125条 （刑事设施职员列席各种被收容者的会见）本法第112条、第113条（第1款第2项④⑤除外）以及第114条的规定对各种被收容者的会见适用。在适用时，以"其他"替代第112条第1款中的"服刑人员正当的矫正处遇以及出于其他理由"，以"1日1次"替代第114条第2款中的"1月2次"。

【三】 书信的收发

【1】 服刑人员

第126条 （允许收发的书信）除本目、第148条第3款以及下一节的规定禁止的情形外，刑事设施长官应当准许服刑人员（具有未决拘禁者地位的服刑人员除外。以下本部分同。）与他人之间进行书信往来。

第127条 （书信的检查））为维持刑事设施内的纪律或者秩序、服刑人员正当的矫正处遇以及出于其他理由，必要时，刑事设施长官可以指名职员对服刑人员收发的书信进行检查。

2 在前项规定的检查中，对于下列书信，在确认该当性的必要限度内进行检查。但是，当第3项规定的书信，可能妨害刑事设施的纪律秩序以及具有其他特殊情况的，不在此限。

一 服刑人员接收的来自国家或者地方公共团体机关的书信。

二 服刑人员接收的国家或者地方公共团体机关就刑事设施长官的措施及

其所受处遇的调查书信。

三 服刑人员就刑事设施长官的措施及其所受处遇与律师法第 3 条第 1 款所规定的履行职务的律师（包含律师法人。以下本款同。）进行书信往来的。

第 128 条（书信往来的禁止）服刑人员与具有犯罪倾向的人或者其他服刑人员书信往来，可能妨害刑事设施内的纪律秩序或者妨害服刑人员正当矫正处遇的，刑事设施长官可以禁止书信往来（服刑人员的亲属除外）。但是，因婚姻关系的调整、诉讼的进行、工作的维持以及其他死刑确定人员身份上、法律上或者业务上有关的重大利害关系相关的业务处理，而进行书信往来的，不在此限。

第 129 条（因书信内容停止投递）根据 127 条规定，当书信检查结果具有下列情形之一时，刑事设施长官可以将其全部或者部分内容停止投递、剪除或者涂抹。当书信内容满足第 127 条第 2 款各项所规定的情形之一时，在检查过程中发现其全部或者部分内容具有下列情形之一的，亦同。

一 使用暗语以及其他刑事设施职员不能理解的内容时。

二 书信往来违反刑罚法令或者可能违反刑罚法令时。

三 书信往来可能违反刑事设施内的纪律秩序时。

四 具有威胁或者虚假内容，使服刑人员产生不安感或者可能使服刑人员受损时。

五 具有侮辱收信人的内容时。

六 书信往来可能妨害服刑人员正当矫正处遇时。

2 对于服刑人员与国家或者地方公共团体机关之间就这些机关权限内的事项进行书信往来的，以及服刑人员与律师之间就律师法第 3 条第 1 款规定的律师履行职务的事项进行书信往来的，只有当书信的部分或者全部内容满足前款第 1 项至第 3 项内容之一的，刑事设施长官可以停止投递或者将相关事项的部分内容剪除或者抹除。

第 130 条（书信的限制）根据法务省令规定，出于刑事设施管理运营上的必要，刑事设施长官可以对书信的格式、申请邮寄书信的日期、时间段、服刑人员申请发信的次数以及服刑人员接收书信的方法进行限制。

2 根据前款规定对服刑人员申请邮寄书信的次数进行限制的，1 个月不得少于 4 次。

第 131 条 服刑人员不能承担邮寄信件的费用的，刑事设施长官应当根据邮寄书信的目的，决定国库承担全部或者部分费用。

第 132 条（禁止收发的书信的处理）刑事设施长官应当将根据本法第 128 条、第 129 条以及第 148 条第 3 款的规定被禁止收发、投递的书信，根据本法第 129 条的规定被部分剪除的书信予以保存。

2 刑事设施长官应当将根据本法第 129 条规定被涂抹的书信进行复制、保存。

3 在服刑人员被释放之际，刑事设施长官应当将根据前两款规定保存的书信（以下本章称"禁止发收的书信"等）交给服刑人员。

4 根据法务省令规定，服刑人员死亡的，根据其遗属的申请，刑事设施长官应当将禁止收发的书信交给其遗属。

5 当交付禁止收发书信可能妨碍刑事设施内的纪律、秩序时，可以不予交付。在下列情形中，交付书信可能妨碍刑事设施内的纪律、秩序的，亦同。

一 被释放的服刑人员，在获释后申请交付禁止收发的书信的。

二 服刑人员具有本法第 54 条各项规定之一的，请求交付禁止收发的书信的。

6 本法第 53 条第 1 款、第 54 条第 1 款以及第 55 条第 2 款、第 3 款的规定，对服刑人员的禁止收发书信适用（前款规定不准许交付的除外）。在适用时，以"第 132 条第 4 款的申请"替代第 55 条第 3 款的"第 1 款的申请"。

7 根据本条第 5 款规定不予交付的禁止收发书信，从服刑人员死亡、被释放或者满足本法第 54 条第 1 款各项规定情形之日起经过 3 年，收归国库。

第 133 条（服刑人员完成的图文书刊）对于服刑人员完成的图文书刊（信件除外），在其申请交付时，在交付时，刑事设施长官可以以服刑人员投递信件的标准进行检查或者采取其他相应措施。

【2】未决拘禁者

第 134 条（允许收发的书信）除本法第 148 条第 3 款或者本节规定禁止的情形外，刑事设施长官应当准许未决拘禁者（具有服刑人员或者死刑确认人员地位的除外。以下本部分同。）与他人之间的书信往来。但是，根据刑事诉讼法规定不允许书信往来的，不在此限。

第 135 条（书信的检查）刑事设施长官应当指定职员对未决拘禁者收发的书信进行检查。

2 对于下列书信，仅在确认相应事项的范围内进行检查。但是，当第 3 项中的书信可能妨碍刑事设施内的纪律秩序或者可能导致毁灭罪证的结果时，不在此限。

一 未决拘禁者接收的律师来信。

二 未决拘禁者接收的国家或者地方公共团体机关来信。

三 服刑人员就刑事设施长官的措施及其所受处遇与律师法第 3 条第 1 款所规定的履行职务的律师进行书信往来的。

3 当刑事设施长官认定书信往来不可能妨碍刑事设施内的纪律秩序以及产生毁灭罪证结果的，不受前两款规定的限制，可以不进行第 1 款中的检查。

第 136 条（依据书信内容停止投递）本法第 129 条至第 133 条的规定对未决拘禁者书信的收发适用。在适用时，以"第 135 条"替代第 129 条第 1 款中的"第 127 条"，以"毁灭罪证的结果"替代该款第 6 项"妨碍服刑人员正当矫正处遇的实施"，以"至第 3 项或者第 6 项"替代第 129 条第 2 款中"至第 3 项"，以"申请书信（向律师邮寄的书信除外）。"替代第 130 条第 1 款中"申请书信"，以"1 日 1 次"替代第 130 条第 2 款中"1 月 4 次"，以"第 129 条"替代第 132 条第 1 款中"第 128 条、第 129 条"，以"第 54 条第 1 款第 1 项或者第 2 项"替代第 132 条第 5 款第 2 项以及第 7 款中"第 54 条第 1 款各项"，以"第 54 条第 1 款（第 3 项除外）"替代第 132 条第 6 款中"第 54 条第 1 款"。

【3】具有未决拘禁者地位的服刑人员

第 137 条（允许收发的书信）除本法第 148 条第 3 款以及本节规定的禁止情形外，具有未决拘禁者地位的服刑人员与他人之间进行书信往来的，刑事设施长官应当准许。但是，根据刑事诉讼法规定不准许书信往来的，不在此限。

第 138 条（书信往来的禁止）从本法第 128 条至第 133 条以及第 135 条的规定，对具有未决拘禁者地位的服刑人员适用。在适用时，以"在第 138 条中适用第 135 条"替代第 129 条第 1 款中"第 127 条",以"发生,或者发生毁灭罪责的结果的"替代该款第 6 项中的"发生",以"情形或者因书信往来可能产生毁灭罪证的结果的"替代第 129 条第 2 款中"情形",以"申请书信(向律师邮寄的书信除外)。"替代第 130 条第 1 款中"申请书信",以"第 54 条第 1 款第 1 项或者第 2 项"替代第 132 条第 5 款第 2 项以及第 7 款中"第 54 条第 1 款各项",以"第 54 条第 1 款(第 3 项除外)"替代第 132 条第 6 款中"第 54 条第 1 款"。

【4】死刑确定人员

第 139 条(允许收发的书信)除本法第 148 条第 3 款以及本节规定的禁止情形外,死刑确定人员(具有未决拘禁者地位的除外,以下本目同。)收发下列书信的,刑事设施长官应当准许。

一 死刑确定人员与亲属间的往来书信。

二 因婚姻关系的调整、诉讼的进行、工作的维持以及其他死刑确定人员身份上、法律上或者业务上有关的重大利害关系相关的业务处理,而收发的书信。

三 有利于死刑确定人员心情安定的往来书信。

2 前款各项规定以外的书信,对于维护该死刑确定人员的交友关系以及由于其他原因必须收发的,并且准许该书信的往来不会妨害刑事设施内的纪律秩序的,刑事设施长官应当准许。

第 140 条(书信的检查)刑事设施长官应当指定职员对死刑确定人员的往来书信进行检查。

2 本法第 127 条第 2 款的规定,对前款规定的检查适用。

第 141 条(依据书信内容停止投递)本法第 129 条(第 1 款第 6 项除外。)以及从第 130 条至第 133 条的规定,对死刑确定人员适用。在适用时,以"第 140 条"替代第 129 条第 1 款中"第 127 条",以"1 日 1 次"替代第 130 条第 2 款中"1 月 4 次",以"第 129 条"替代第 132 条第 1 款中"第 128 条、第 129 条",以"第 54 条第 1 款第 1 项或者第 2 项"替代第 132 条第 5 款第 2 项以及第 7 款中"第 54 条第 1 款各项",以"第 54 条第 1 款(第 3 项除外)"替代第 132 条第 6 款中"第 54 条第 1 款"。

【5】具有未决拘禁者地位的死刑确定人员

第 142 条 从本法第 129 条至第 133 条，第 135 条第 1 款以及第 2 款和第 139 条的规定，对具有未决拘禁者地位的死刑确定人员适用。在适用时，以"在第 142 条中适用第 135 条第 1 款以及第 2 款"替代第 129 条第 1 款中"第 2 款"，以"毁灭罪证的结果"替代本款第 6 项中"妨碍服刑人员矫正当矫正处遇"，以"至第 3 项或者第 6 项"替代第 129 条第 2 款中"至第 3 项"，以"申请书信（向律师邮寄的书信除外）。"替代第 130 条第 1 款中"申请书信"，以"1 日 1 次"替代第 130 条第 2 款中"1 月 4 次"，以"第 129 条"替代第 132 条第 1 款中"第 128 条、第 129 条"，以"第 54 条第 1 款第 1 项或者第 2 项"替代第 132 条第 5 款第 2 项以及第 7 款中"第 54 条第 1 款各项"，以"第 54 条第 1 款（第 3 项除外）"替代第 132 条第 6 款中"第 54 条第 1 款"，以"下一目"替代第 139 条第 1 款中"本目"，以"情形及根据刑事诉讼法规定不准许的情形"替代第 139 条第 1 款中"情形"，以"时，根据刑事诉讼法规定不准许的情形除外"替代第 139 条第 2 款中"时"。

【6】各种被收容者

第 143 条（允许收发的书信）除本目、本第 148 条第 3 款或者下一节规定禁止的情形外，刑事设施长官应当准许各种被收容者与他人之间的书信往来。

第 144 条（书信的检查）本法第 127 条、第 129 条（第 1 款第 6 项除外）以及从第 130 条至第 133 条的规定对各种被收容者的书信往来适用。在适用时以"其他"替代第 127 条第 1 款中"服刑人员的正当矫正处遇以及其他"，以"1 日 1 次"替代第 130 条第 2 款中"1 月 4 次"，以"第 129 条"替代第 132 条第 1 款中"第 128 条、第 129 条"，以"第 54 条第 1 款第 1 项或者第 2 项"替代第 132 条第 5 款第 2 项以及第 7 款中"第 54 条第 1 款各项"，以"第 54 条第 1 款（第 3 项除外）"替代第 132 条第 6 款中"第 54 条第 1 款"。

【四】被收容者是被告人、嫌疑人的会见以及书信收发

第 145 条 作为被告人、嫌疑人的被收容者（具有未决拘禁者地位的除外。）与律师等会见或者进行书信往来的，参照本节第 2 款第 2 目或者前一款第 2 目中未决拘禁者与律师等人会见或者进行书信往来的规定（在第 136 条中适用的第 129 条第 1 项第 6 号除外）。

【五】电话通信等

第 146 条（电话通信等）当服刑人员（具有未决拘禁者地位的除外，以下本款同）满足本法第 88 条第 2 款规定的接收开放设施内处遇或者其他法务省令规定的事由时，为了有利于其改过自新或者顺利复归社会以及其他具有相当性的理由时，刑事设施长官可以准许其使用电话以及行政命令规定的其他方法进行电讯通信。

2 本法第 131 条的规定，对前款中的通信适用。

第 147 条（通信的确认）为维持刑事设施内的纪律秩序、确保服刑人员正当矫正处遇的实施以及基于其他理由必须对通信内容确认的，刑事设施长官可以指定职员听取通信、并记录内容。

2 本法第 113 条第 1 款（第 1 号①除外）以及第 2 项的规定，对上一条第 1 款的通信适用。

【六】使用外语会见等

第 148 条 被收容人员或者其会见（指会见或者本法第 146 条第 1 款所规定的通信。以下本条同。）对象不能使用日语的，刑事设施长官应当准许其使用外语会见。在此情形下，为了确认交流或者通信的内容必须进行同传或者翻译的，根据法务省令规定，由被收容者承担费用。

2 被收容者或者其书信往来对象不能使用日语以及具有其他相应情形的，刑事设施长官应当准许使用外语通信。在此情形下为确认书信内容进行翻译的，根据法务省令规定，翻译费用由被收容者承担。

3 被收容者不能承担前两款所规定的费用时，不准许会见或者通信。

第 12 节　赏罚

第 149 条（奖赏）被收容者满足下列各号情形之一时，根据法务省令规定，刑事设施长官应当通过授予奖金、奖品或者其他方法予以奖赏。

一 救助他人生命。

二 参加本法第 82 条第 1 款规定的应急工作，立功的。

三 除前两号规定之外，具有其他值得奖赏的行为的。

第 150 条（惩罚的要件等）在被收容人员违反遵守事项或本法第 96 条第 4 款（包含在本法第 106 条第 2 款中准用的情况）规定的特别遵守事项，或不遵从刑事设施职员根据本法第74条第3款的规定作出的指示，刑事设施长官可以对其进行惩罚。

2 在科以惩罚时，必须考虑做了必须被科以惩罚行为（以下本节统称反则行为）的被收容人员的年龄、身心状态及品行，反则行为的性质、动机、轻重、动机及对刑事设施运营带来的影响、作出反则行为后被收容人员态度，以及被惩罚者是服刑人员的该惩罚对其改过自新的影响。

3 惩罚不能超过抑制反则行为的必要限度。

第151条（惩罚的种类）对服刑人员所科惩罚种类如下：

一 告诫。

二 10日以内停止第93条规定的作业。

三 依据第41条第1款规定，15日以内停止使用或摄取自费物品。

四 30日以内停止书籍等（被认定为对被告人或被疑人员权利保护或诉讼准备及其他权利的保护有必要的除外）一部分或者全部的阅览。

五 削减1/3以内的奖励金。

六 30以内（对于被科以处罚时年满20岁且情节特别严重的，60以内）闭居

2 前款第2号至第5号惩罚可两种以上并罚，同项第6号惩罚（本节以下称闭居罚）可与第5号惩罚并罚。

3 服刑人员之外被收容人员所处惩罚种类如下

一 告诫。

二 依据第41条第1款规定，15日以内停止使用或摄取自费物品。

三 30日以内停止阅览一部分或者全部的书籍等。

四 闭居罚。

4 前项第2号以及第3号中的惩罚可合并处罚。

第152条（闭居罚的内容）在闭居罚执行过程中，停止以下行为，依据法务省令规定在居室内反省。

一 使用或摄取本法第41条规定的私人物品（刑事设施长官指定的除外）。

二 参加宗教仪式，或者同其他被收容人员共同接受宗教教诲。

三 阅览书籍。

四 个人合同作业。

五 会见（与辩护人等以及被认定为对被告人或嫌疑人权利保护或诉讼准备及其他对权利的保护有必要的人会见的除外）。

六 发收书信（与辩护人等之间以及被认定为对被告人或嫌疑人权利保护或诉讼准备及其他权利的保护有必要的人进行书信往来的除外）。

2 对被科以闭居罚的被收容人员，不受第57条规定的限制，在保障不危害其健康的情况下，应当以法务省令规定的基准限制其运动。

3 对于被科以闭居罚的被收容人员，在超出让其反省的限度内，应实行矫正处遇。

第153条（反则行为关联物收归国库）在科以惩罚时，为维持刑事设施内的纪律及秩序，刑事设施长官可以将以下列举的物品收归国库。但属于实行反则行为的被收容人员之外的人员的物品不在此限。

一 构成反则行为的物品。

二 供反则行为所用，或将要供反则行为所用物品。

三 由反则行为产生或得到之物或从反则行为中获取的报酬所得物。

四 作为前号列举物品的对价所得物。

第154条 （反则行为的调查）刑事设施长官，在考虑到被收容人员有做反则行为的嫌疑时，必须尽快对有无反则行为以及依据第150条第2项规定的应当考虑的情况和前一条规定的处分要件的有无做出调查。

2 为做前款调查，必要时，刑事设施长官可以让刑务官检查服刑人员的身体、所穿衣物、所持物品及居室，并可以令其收取服刑人员所持用品暂为保管。

3 对前一项规定中的女性被收容人员进行身体及衣物检查适用本法第34条第二项的规定。

4 在被收容人员有做反则行为的嫌疑时，依据法务省令规定，刑事设施长官可以将其与其他被收容人员隔离。在此情况下，除运动、入浴或会见及法务省令规定的其他情形外，处分在居室内进行。

5 前一款规定的隔离的期间为2周。但刑事设施长官认为有不得已的事由的，可以以2周为限，对隔离期间进行更新、延长。

6 在前一项期间内隔离的必要事由消失时，刑事设施长官必须立即终止隔离。

第 155 条 (科处惩罚的程序) 根据法务省令规定，刑事设施长官打算对被收容者科处刑罚时，应当指定 3 名以上的职员听取被收容者的辩解。在此情形下，应当事先将辩解的日期、具体时间、期限以及惩罚 (包含第 153 条规定的处分。下一款、下一条同。) 的原因等事实概要通知被收容者，同时应当指定刑事设施职员辅助被收容者辩解。

2 前一款前段中被指定的职员，应当就科处惩罚是否合适以及应当科处惩罚的内容进行商议，并将就该事项的意见以及被收容者辩解的内容做成报告书提交给刑事设施长官。

第 156 条 (刑罚的执行) 在科处刑罚时，在刑事设施长官告知被收容者惩罚的内容、惩罚的原因等事实概要后，直接执行惩罚。但是，有明显反省或者其他相当的理由时，可延期或者免除部分、全部的执行。

2 在执行闭居罚时，刑事设施长官必须就被收容者的健康状态，听取作为刑事设施职员的医师的意见。

第 13 节　申诉

第 1 款　审查的申请和再审查的申请

第 157 条 (审查的申请) 根据政令的规定，对刑事设施长官所采取的下列措施有异议的人员，可以以书面形式向刑事设施所在的矫正管区长官提出审查申请。

一 不准许使用本法第 41 条第 2 款规定的自费物品或者食品的处分。

二 不准许交付本法第 49 条规定的代保管现金或者本法第 50 条规定的不允许交付代为保管的私人物品或者贵重物品的处分。

三 不准许接受本法第 63 条第 1 款规定的诊疗的处分或者停止第 49 条第 4 款规定的诊疗的处分。

四 禁止或者限制本法第 67 条规定的宗教上的行为。

五 依据本法第 70 条第 1 款或者第 71 条的规定禁止或者限制书籍的阅读。

六 承担本法第 70 条第 2 款规定的费用的处分。

七 本法第 76 条第 1 款规定的隔离。

八 根据本法第 98 条第 1 款规定有关作业奖励金支付的处分。

九 根据本法第 100 条第 2 款（包含在第 82 条第 2 款适用的情形）规定有关伤残补贴金支付的处分。

十 根据本法第 100 条第 4 款（包含在第 82 条第 2 款适用的情形）的规定关于特别补贴金支付的处分。

十一 根据本法第 128 条（包含在第 138 条适用的情形）或者第 129 条、第 130 条第 1 项或者第 133 条（包含该规定在本法第 136 条（包含在 145 条中以此为例的情形。下一号同）、第 138 条、第 141 条、第 142 条以及第 144 条中适用的情形）禁止、中止或者限制书信的发收、文章书刊图画的交付。

十二 根据本法第 132 条第 5 款前段（包含在第 136 条、第 138 条、第 141 条、第 142 条以及第 144 条适用的情形。）的规定不投递禁止发收的书信的处分（仅限本法第 132 条第 3 款（包含在本法第 136 条、第 138 条、第 141 条、第 142 条以及第 144 条中适用的情形）有关投递书信的规定）。

十三 本法第 148 条第 1 款或者第 2 款规定的承担费用的处分。

十四 本法第 150 条第 1 款规定的惩罚。

十五 本法第 153 条的物品收归国库的处分。

十六 本法第 154 条第 4 款规定的隔离。

2 前项规定的审查的申请（以下本节仅称"审查的申请"。），必须由本人申请。

第 158 条（审查的申请期间）从被告知措施决定之日的第二天起算，被收容者应当在 30 天之内必须提出审查的申请。

2 因自然灾害以及其他事由不能在前款规定的审查期间内提出申请的，从该事由消失的第二天起算，被收容者应当在 1 周之内提出审查的申请。

3 刑事设施长官因失误告知被收容者比法定期间更长的审查申请期间的，被收容者在被告知的期间内提出申请的，视为在法定期间内提出的申请。

第 159 条（行政复议法的适用）行政复议法（2014 年第 68 号法律）第 15 条、第 18 条第 3 款、第 19 条第 2 款以及第 4 款、第 22 条第 1 款以及第 5 款、第 23 条、第 25 条第 1 部分、第 2 款以及第 6 款、第 26 条、第 27 条以及第 39 条的规定，对审查的申请适用。在适用时，以"依职权"替代本法第 25

条第 2 款中"根据审查请求人的申请或者依职权",除此之外,依政令进行必要的技术替代。

第 160 条(调查)矫正管区长官依职权对审查申请进行必要的调查。

2 为进行前一项的调查,必要时,矫正管区长官可以命令刑事设施长官提交报告、资料或者其他物件,或者指定职员询问审查申请人及其他相关人,也可以要求相关人提交物件,并且可以留置该物件进行核验。

第 161 条(裁决)在收到审查申请之后,矫正管区长官应当尽快在 90 日以内作出裁决。

2 行政复议法第 45 条第 1 款以及第 2 款、第 46 条第 1 款正文以及第 2 款(第 2 号除外)、第 47 条(但书以及第 2 号除外)、第 48 条、第 50 条第 1 款以及第 3 项、第 51 条以及第 52 条第 1 项、第 2 项的规定对审查申请的裁决适用。在适用时,以"公告"替代第 51 条第 3 款中"公告或者在官媒或者其他公报、报纸上发布",除此之外,依政令进行必要的技术替代。

第 162 条(再审查的申请)对审查裁决不服者,根据政令规定,可以以书面形式向法务大臣提出再审查的申请。

2 从审查申请裁决告知之日的第二日起算 30 日以内,不服者必须提出再审查申请(以下本节称"再审查申请")。

3 本法第 157 条、第 18 条第 3 款、第 19 条第 2 款以及前一条第 1 款、行政复议法第 15 条、第 18 条第 3 款、第 19 条第 2 款以及第 4 款、第 23 条、第 25 条第 1 款、第 2 款以及第 6 款、第 26 条、第 27 条、第 39 条、第 46 条第 1 款正文以及第 2 款(第 2 号除外)、第 47 条(但书以及第 2 号除外)、第 48 条、第 50 条第 1 款、第 51 条、第 52 条第 1 款以及第 2 款、第 62 条第 2 款以及第 61 条第 2 款、第 64 条第 1 款至第 3 款的规定对再审查的申请适用。在适用时,以"依职权"替代本法第 25 条第 2 款中"根据审查请求人的申请或者依职权",以"公告"替代第 51 条第 3 款中"公告或者在官媒或者其他公报、报纸上发布",除此之外,依政令进行必要的技术替代。

第 2 款 事实的申告

第 163 条(向矫正管区长官进行事实申告)当刑事设施内的职员对自身作出下列行为时,根据政令规定,被收容者可以以书面形式向管辖该刑事设施的矫正管区长官提出事实的申告。

一 对其身体违法使用有形力。

二 违法或者不当使用捕绳、手锁或者拘束衣。

三 违反或者不当收容保护室。

2 从申告相关事实发生之日的第二日起算，被收容者必须在 30 日以内提出前一款所规定的申告。

3 本法第 157 条第 2 款、第 158 条第 2 款以及第 3 款、第 160 条，行政复议法第 18 条第 3 款、第 22 条第 1 款以及第 5 款、第 23 条、第 27 条以及第 39 条的规定，对本条第 1 款中的申告适用。在适用时，依政令进行必要的技术替代。

第 164 条（通知）当前一条所规定的申告合法时，矫正管区长官应当将就相关事实有无的确认及其结果通知申告者。但是，申告者被释放的，不在此限。

2 前款第 1 项规定的申告超过法定期间后，或者有其他不合法情况的，矫正管区长官应当通知申告者。在此情形下，适用前项但书的规定。

3 本法第 161 条以及行政复议法第 50 条第 1 款和第 3 款的规定，对前两款规定的通知适用。在此情形下，依政令进行必要的技术替代。

4 在确认前一条第 1 款规定的事实发生时，必要情况下，为防止同样的行为再发生，矫正管区长官应当采取必要措施。

第 165 条（向法务大臣进行事实申告）被收容者收到上一条第 1 款或者第 2 款规定的通知，对其内容不服的，根据政令规定，可以以书面形式向法务大臣进行事实申告。

2 从收到上一条第 1 款或者第 2 款规定的通知之日的第二天起算 30 日以内必须进行前款规定的申告。

3 本法第 157 条第 2 款、第 158 条第 2 款、第 160 条、第 161 条第 1 款以及上一条第 1 项、第 2 项和第 4 项，行政复议法第 18 条第 3 项、第 23 条、第 27 条、第 39 条以及第 50 条第 1 款的规定，对本条第 1 款规定的申告适用。在此情形下，依政令进行必要的技术替代。

第 3 款　投诉

第 166 条（向法务大臣投诉）针对刑事设施长官对自身所采取的措施以及自己受到的处遇，被收容者可以以书面形式向法务大臣投诉。

2 第 157 条第 2 款的规定，对前一项中的投诉适用。

3 法务大臣在收到投诉时，应当秉公处理，并将处理结果通知投诉者。但是，投诉者被释放的，不在此限。

第 167 条（向监查官投诉）针对刑事设施长官对自身所采取的措施以及自己受到的处遇，被收容者可以以口头或者书面形式向本法第 5 条规定的进行实地监查的监察官（以下本节仅称"监查官"。）投诉。

2 第 157 条第 2 款的规定，对本条前一项中的投诉适用。

3 监查官接受口头投诉时，刑事设施职员不得在场。

4 上一条第 3 款的规定，对向监查官投诉的情形适用。

第 168 条（向刑事设施长官投诉）针对刑事设施长官对自身所采取的措施以及自己受到的处遇，被收容者可以以口头或者书面形式向刑事设施长官申诉。

2 第 157 条第 2 款的规定，对本条前一项中的申诉适用。

3 被收容者欲以口头形式进行第 1 款的申诉时，刑事设施长官可以指定职员听取申诉内容。

4 本法第 166 条第 3 款的规定，对被收容者向刑事设施长官的申诉适用。

第 4 款　杂则

第 169 条（秘密申诉）被收容者欲提出审查申请（审查申请、再审查申请以及本法第 163 条第 1 款、第 165 条第 1 款规定的申告。下一项以及下一条同。）、或者向法务大臣、监查官投诉时，为了对刑事设施职员保密，刑事设施长官应当采取必要措施。

2 不得检查审查申请或者投诉的书面内容，不受本法第 127 条（包含在第 144 条适用的情形。）、第 135 条（包含在第 138 条、第 142 条适用的情形。）、第 140 条的规定限制。

第 170 条（不利措施的禁止）刑事设施职员不得以被收容者提出审查的申请或者申诉为由，采取对其不利的措施。

第 14 节　释放

第 171 条（服刑人员的释放）根据下列各号规定的不同情形，应当在各号规定的期间内尽快释放服刑人员。

一　释放日期事先确定的　该日的上午。

二　不定期刑终了的　更生保护法（2007 年第 88 号法律）第 44 条第 2 项的通知到达刑事设施之日的第二天上午。

三　根据政令实施恩赦的，该恩赦政令公布了释放日期的　该日期之内。

四　前三号规定的情形外，从释放文书到达刑事设施 10 小时以内。

第 172 条（被拘留者的释放）当下列事由发生时，应立刻释放被拘留者（仅限收容在刑事设施内的人员。以下本条同）。

一　被告人拘留期满的。

二　根据刑事诉讼法第 345 条的规定拘留令失效的。

三　收到检察官的释放指令或者通知的。

第 173 条（被收容者释放的其他规定）除前两条规定外，其他法令、政令规定的释放事由出现时，应当理解释放。

第 174 条（因伤病滞留）应当被释放的被收容者因在刑事设施内接受治疗、如果释放有生命危险或者会对其健康造成难以恢复的伤害，刑事设施长官可以允许该人员暂时留在刑事设施内。

2 前项规定的被收容者的处遇，在不违背其性质的前提下，适用各种被收容者的规定。

第 175 条（归住旅费的支付）应当给被释放的被收容者支付必要的归住旅费和衣物。

第 15 节　死亡

第 176 条（死亡的通知）被收容者死亡的，根据法务省令规定，刑事设施长官应当通知其遗属死亡的原因、时间，有应当交付的遗物、应当支付的作业奖励金、死亡补贴金以及禁止收发的书信的，为了对其进行交付或者支付应当及时通知。

第 177 条（遗体的处理）被收容者死亡，没有负责对其进行埋葬或者火葬的人员的，不受墓地、埋葬法（1948 年第 48 号法律）的限制，刑事设施长官应当对其埋葬或者火葬。

2 除前项规定之外，根据法务省令规定处理被收容者遗体。

第178条（死刑的执行）死刑在刑事设施内的刑场执行。

2 根据节假日法律（1948年第178号法律）规定，节假日、1月2日、1月3日以及12月29日至12月31日，不执行死刑。

后 记

　　本书是在我的博士论文《中日服刑人员法律地位的比较研究》——日本服刑人员法律地位部分的基础上完成，除第六章是于 2023 年完成之外，其他章节只是进行了补充和修改。从 2021 年取得博士学位至今已经整整三年，本书能够顺利出版，得益于我的工作单位——上海政法学院出版基金的资助。值此之际，特别感谢给予我大力支持的领导和同事。

　　2014 年 9 月是我的学术起点，有幸拜入中国人民大学法学院李立众教授门下。在学术的起步阶段，得遇良师、何其幸运。回想起在中国人民大学法学院读书的日子，犹记得在每个周日晚上的李门读书会，李老师带领大家阅读经典教科书、专著与论文，风雨无阻。恩师耐心、细致地帮大家解答疑难问题，不只是专业知识上的传道与解惑，更是人生经验的交流与传承。在参加李老师的读书会的过程中，我阅读了日本山口厚教授的原版《刑法总论》《从新判例看刑法》等书籍，对日本刑事法学产生了浓厚兴趣，决定赴日本留学、攻读博士学位。

　　2017 年，我受国家留学基金委与日本政府合作项目——日本文部科学省博士生奖学金的资助，赴日本一桥大学留学攻读博士学位。承蒙日本一桥大学王云海教授恩遇，拜入王云海教授门下，攻读刑法学博士学位。在日本留学期间我选择了监狱行刑领域作为自己的研究方向，博士论文围绕"中日服刑人员法律地位的比较研究"展开。之所以选择这个题目，一方面是我的兴趣所在；另一方面，在我国，刑法学者对监狱行刑领域的关注相对较少，无论是研究范式还是研究内容方面都有很大的开拓空间。因为选择了一条人少的路，我也曾经迷茫、彷徨和担心过。幸运的是恩师是那么的宽厚、仁善和包容，给予了我太多的人生启迪、学业教导、学术提携以及生活关照。在我博士论文写作期间，正值新冠疫情肆虐，室内授课、室内指导均被禁止，王老师召集大家戴着口罩围坐在一桥大学校园内的石凳上，为我指导论文的场景至今仍历历在目。作为一位旅日中国籍学者，王老师在专精中、日、美刑事法的比较研究的同时，一直致力推进中日学术交流活动，在日本留学期间，我有幸参与，恩师对他人宽厚仁善、对学问心存敬畏，令人感动。在博士论文写作过程中，我也得到了一桥大学葛野寻之教授、本庄武教授、绿大辅教授、但见亮教授、青木孝之教授等的指导，得到了当时在一桥大学访问的兰州大学陈海平教授、天津师范大学张晶教授、河北经贸大学张亚军教授、中南财经政法大学皮婧靖讲师以及同门李双菡博士、王艺霖博士、毕经天博士、赵悦阳博士的诸多帮助，在此一一致谢。

作为一名青年教师，深感这一路走来的不易，但是，也因为遇见了志同道合的师友而倍感荣幸。在此感谢上海交通大学于改之教授、中国人民大学付立庆教授、中国人民大学陈璇教授、广东外语外贸大学曾赟教授、中央财经大学简爱教授、复旦大学副研究员杨军、贵州财经大学何腾娇讲师、江苏省纪检委曾一珩博士、北京市中伦（上海）律师事务所徐浩程律师、河南城粱律师事务所王燃明律师、国信信扬律师事务所曾会源律师，感谢他们在我专业水平和学术能力提升方面给予的支持、鼓励和帮助。

感谢中国政法大学出版社责编魏星老师、隋晓雯老师，本书能够按时出版，得益于他们的大力支持。

感谢我挚爱的家人，他们在任何时候都是我的坚强后盾。

从我的学术起点到本书出版、已经整整十年，但遗憾的是本书并非"十年磨一剑"的力作，可能书中仍有不足之处，但考虑到以服刑人员法律地位为中心的监狱行刑法律关系之课题重大，然而却关注有限，故带着诚惶诚恐的心情出版、期待达到抛砖引玉的效果。不忘来路、不负热爱，是最高、最诚恳的谢辞！

2024 年 3 月 2 日

于上海佘山脚下